I0145188

VORWORT

Die Sammlung "Alles wird gut!" von T&P Books ist für Menschen, die für Tourismus und Geschäftsreisen ins Ausland reisen. Die Sprachführer beinhalten, was am wichtigsten ist - die Grundlagen für eine grundlegende Kommunikation. Dies ist eine unverzichtbare Reihe von Sätzen um zu "überleben", während Sie im Ausland sind.

Dieser Sprachführer wird Ihnen in den meisten Fällen helfen, in denen Sie etwas fragen müssen, Richtungsangaben benötigen, wissen wollen wie viel etwas kostet usw. Es kann auch schwierige Kommunikationssituationen lösen, bei denen Gesten einfach nicht hilfreich sind.

Dieses Buch beinhaltet viele Sätze, die nach den wichtigsten Themen gruppiert wurden. Die Ausgabe enthält auch einen kleinen Wortschatz, der etwa 3.000 der am häufigsten verwendeten Wörter enthält. Ein weiterer Abschnitt des Sprachführers bietet ein gastronomisches Wörterbuch, das Ihnen helfen könnte, Essen in einem Restaurant zu bestellen oder Lebensmittel in einem Lebensmittelladen zu kaufen.

Nehmen Sie den "Alles wird gut" Sprachführer mit Ihnen auf die Reise und Sie werden einen unersetzlichen Begleiter haben, der Ihnen helfen wird, Ihren Weg aus jeder Situation zu finden und Ihnen beibringen wird keine Angst beim Sprechen mit Ausländern zu haben.

INHALTSVERZEICHNIS

T&P Books Publishing

Reisesprachführersammlung
"Alles wird gut!"

T&P Books Publishing

SPRACHFÜHRER

ARABISCH

Andrey Taranov

Die nützlichsten Wörter und Sätze

Dieser Sprachführer beinhaltet die häufigsten Sätze und Fragen, die für die grundlegende Kommunikation mit Ausländern benötigt wird

T&P BOOKS

Sprachführer + Wörterbuch mit 3000 Wörtern

Sprachführer Deutsch-Ägyptisch-Arabisch und thematischer Wortschatz mit 3000 Wörtern

Von Andrey Taranov

Die Sammlung "Alles wird gut!" von T&P Books ist für Menschen, die für Tourismus und Geschäftsreisen ins Ausland reisen. Die Sprachführer beinhalten, was am wichtigsten ist - die Grundlagen für eine grundlegende Kommunikation. Dies ist eine unverzichtbare Reihe von Sätzen um zu "überleben", während Sie im Ausland sind.

Dieses Buch beinhaltet auch ein kleines Vokabular mit etwa 3000, am häufigsten verwendeten Wörtern. Ein weiterer Abschnitt des Sprachführers bietet ein gastronomisches Wörterbuch, das Ihnen helfen kann, Essen in einem Restaurant zu bestellen oder Lebensmittel im Lebensmittelladen zu kaufen.

T&P Books Publishing
www.tpbooks.com

ISBN: 978-1-78716-940-1

AUSSPRACHE

T&P phonetisches Alphabet	Ägyptisch-Arabisch Beispiel	Deutsch Beispiel
[a]	[ṭaffa] طفّى	schwarz
[ā]	[eχtār] إختار	Zahlwort
[e]	[setta] ستّة	Pferde
[i]	[minā'] ميناء	ihr, finden
[ī]	[ebrīl] إبريل	Wieviel
[o]	[oɣosṭos] أغسطس	orange
[ō]	[ḥalazōn] حلزون	groß
[u]	[kalkutta] كلكتا	kurz
[ū]	[gamūs] جاموس	über
[b]	[bedāya] بداية	Brille
[d]	[sa'āda] سعادة	Detektiv
[ḍ]	[waḍ'] وضع	pharyngalisiert [d]
[ʒ]	[arʒantīn] الأرجنتين	Regisseur
[ẓ]	[ẓahar] ظهر	pharyngalisiert [z]
[f]	[χafīf] خفيف	fünf
[g]	[bahga] بهجة	gelb
[h]	[ettegāh] إتّجاه	brauchbar
[ḥ]	[ḥabb] حبّ	pharyngalisiert [h]
[y]	[dahaby] ذهبي	Jacke
[k]	[korsy] كرسي	Kalender
[l]	[lammaḥ] لمّح	Juli
[m]	[marṣad] مرصد	Mitte
[n]	[ganūb] جنوب	Vorhang
[p]	[kaputʃino] كابتشينو	Polizei
[q]	[wasaq] وثق	Kobra
[r]	[roḥe] روح	richtig
[s]	[soχreya] سخرية	sein
[ṣ]	[me'ṣam] معصم	pharyngalisiert [s]
[ʃ]	['aʃā'] عشاء	Chance
[t]	[tanūb] تنوب	still
[ṭ]	[χarīṭa] خريطة	pharyngalisiert [t]
[θ]	[mamūθ] ماموث	stimmloser th-Laut
[v]	[vietnām] فيتنام	November
[w]	[wadda'] ودّع	schwanger
[χ]	[baχīl] بخيل	billig
[ɣ]	[etɣadda] إتغدّى	Vogel (Berlinerisch)

T&P phonetisches Alphabet	Ägyptisch-Arabisch Beispiel	Deutsch Beispiel
[z]	[me'za] معزة	sein
['] (ayn)	[sab'a] سبعة	stimmhafte pharyngale Frikativ
['] (hamza)	[sa'al] سأل	Glottisschlag

LISTE DER ABKÜRZUNGEN

Ägyptisch-Arabisch. Abkürzungen

du	-	Plural-Nomen-(doppelt)
f	-	Femininum
m	-	Maskulinum
pl	-	Plural

Deutsch. Abkürzungen

Adj	-	Adjektiv
Adv	-	Adverb
Amtsspr.	-	Amtssprache
f	-	Femininum
f, n	-	Femininum, Neutrum
Fem.	-	Femininum
m	-	Maskulinum
m, f	-	Maskulinum, Femininum
m, n	-	Maskulinum, Neutrum
Mask.	-	Maskulinum
n	-	Neutrum
pl	-	Plural
Sg.	-	Singular
ugs.	-	umgangssprachlich
unzähl.	-	unzählbar
usw.	-	und so weiter
v mod	-	Modalverb
vi	-	intransitives Verb
vi, vt	-	intransitives, transitives Verb
vt	-	transitives Verb
zähl.	-	zählbar
z.B.	-	zum Beispiel

ARABISCHER SPRACHFÜHRER

Dieser Teil beinhaltet wichtige Sätze, die sich in verschiedenen realen Situationen als nützlich erweisen können.
Der Sprachführer wird Ihnen dabei helfen nach dem Weg zu fragen, einen Preis zu klären, Tickets zu kaufen und Essen in einem Restaurant zu bestellen.

T&P Books Publishing

INHALT SPRACHFÜHRER

T&P Books Publishing

Das absolute Minimum

Entschuldigen Sie bitte, …	law samaḥt, … لو سمحت، …
Hallo.	as salāmu ʿalaykum السلام عليكم
Danke.	ʃukran شكرا
Auf Wiedersehen.	maʿ as salāma مع السلامة
Ja.	naʿam نعم
Nein.	la لا
Ich weiß nicht.	la aʿrif لا أعرف
Wo? | Wohin? | Wann?	ayna? | ila ayna? | mata? أين؟ ا إلى أين؟ ا متى؟

Ich brauche …	ana aḥtāʒ ila … أنا أحتاج إلى…
Ich möchte …	ana urīd … أنا أريد …
Haben Sie …?	hal ʿindak …? هل عندك… ؟
Gibt es hier …?	hal yūʒad huna …? هل يوجد هنا …؟
Kann ich …?	hal yumkinuni …? هل يمكنني…؟
Bitte (anfragen)	… min faḍlak … من فضلك

Ich suche …	abḥaθ ʿan … أبحث عن …
die Toilette	ḥammām حمام
den Geldautomat	mākīnat ṣarrāf ʾāliy ماكينة صراف آلي
die Apotheke	ṣaydaliyya صيدلية
das Krankenhaus	mustaʃfa مستشفى
die Polizeistation	qism aʃ ʃurṭa قسم شرطة
die U-Bahn	mitru al anfāq مترو الأنفاق

das Taxi	taksi تاكسي
den Bahnhof	maḥaṭṭat al qiṭār محطة القطار

Ich heiße …	ismi … إسمي...
Wie heißen Sie?	ma smuka? ما اسمك؟
Helfen Sie mir bitte.	sāʿidni min faḍlak ساعدني من فضلك
Ich habe ein Problem.	ʿindi muʃkila عندي مشكلة
Mir ist schlecht.	la aʃʿur bi χayr لا أشعر بخير
Rufen Sie einen Krankenwagen!	ittaṣil bil isʿāf! إتصل بالإسعاف!
Darf ich telefonieren?	hal yumkinuni iӡrāʾ mukālama tilifūniyya? هل يمكنني إجراء مكالمة هاتفية؟

Entschuldigung.	ana ʾāṣif أنا آسف
Keine Ursache.	al ʿafw العفو

ich	ana أنا
du	anta أنت
er	huwa هو
sie	hiya هي
sie (Pl, Mask.)	hum هم
sie (Pl, Fem.)	hum هم
wir	naḥnu نحن
ihr	antum أنتم
Sie	haḍritak حضرتك

EINGANG	duχūl دخول
AUSGANG	χurūӡ خروج
AUßER BETRIEB	muʿaṭṭal معطل
GESCHLOSSEN	muɣlaq مغلق

OFFEN	maftūḥ مفتوح
FÜR DAMEN	lis sayyidāt للسيدات
FÜR HERREN	lir riʒāl للرجال

Fragen

Wo?	ayna? أين؟
Wohin?	ila ayna? إلى أين؟
Woher?	min ayna? من أين؟
Warum?	limāða? لماذا؟
Wozu?	li ayy sabab? لأي سبب؟
Wann?	mata? متى؟
Wie lange?	kam waqt? كم وقتا؟
Um wie viel Uhr?	fi ayy sā'a? في أي ساعة؟
Wie viel?	bikam? بكم؟
Haben Sie …?	hal 'indak …? هل عندك ...؟
Wo befindet sich …?	ayna …? أين ...؟
Wie spät ist es?	as sā'a kam? الساعة كم؟
Darf ich telefonieren?	hal yumkinuni iʒrā' mukālama tilifūniyya? هل يمكنني إجراء مكالمة هاتفية؟
Wer ist da?	man hunāk? من هناك؟
Darf ich hier rauchen?	hal yumkinuni at tadχīn huna? هل يمكنني التدخين هنا؟
Darf ich …?	hal yumkinuni …? هل يمكنني ...؟

Bedürfnisse

Ich hätte gerne …	urīd an … **أريد أن…**
Ich will nicht …	la urīd an … **لا أريد أن…**
Ich habe Durst.	ana ʿatʃān **أنا عطشان**
Ich möchte schlafen.	urīd an anām **أريد أن أنام**
Ich möchte …	urīd an … **أريد أن…**
abwaschen	aɣtasil **أغتسل**
mir die Zähne putzen	unazzif asnāni **أنظف أسناني**
eine Weile ausruhen	astarīḥ qalīlan **أستريح قليلا**
meine Kleidung wechseln	uɣayyir malābisi **أغير ملابسي**
zurück ins Hotel gehen	arʒiʿ ilal funduq **أرجع إلى الفندق**
kaufen …	aʃtari … **أشتري …**
gehen …	aðhab ila … **أذهب إلى …**
besuchen …	azūr … **أزور …**
treffen …	uqābil … **أقابل …**
einen Anruf tätigen	uʒri mukālama hātifiyya **أجري مكالمة هاتفية**
Ich bin müde.	ana taʿibt **أنا تعبت**
Wir sind müde.	naḥnu taʿibna **نحن تعبنا**
Mir ist kalt.	ana bardān **أنا بردان**
Mir ist heiß.	ana ḥarrān **أنا حران**
Mir passt es.	ana bi xayr **أنا بخير**

Ich muss telefonieren.	aḥtāʒ ila iʒrā' mukālama hātifiyya **أحتاج إلى إجراء مكالمة هاتفية**
Ich muss auf die Toilette.	aḥtāʒ ila ḥammām **أحتاج إلى حمام**
Ich muss gehen.	yaʒib 'alayya an aðhab **يجب علي أن أذهب**
Ich muss jetzt gehen.	yaʒib 'alayya an aðhab al 'ān **يجب علي أن أذهب الآن**

Wie man nach dem Weg fragt

Entschuldigen Sie bitte, …	law samaḥt, … لو سمحت، …
Wo befindet sich …?	ayna …? أين …؟
Welcher Weg ist …?	ayna aṭ ṭarīq ila …? أين الطريق إلى …؟
Könnten Sie mir bitte helfen?	hal yumkinak musāʿadati, min faḍlak? هل يمكنك مساعدتي، من فضلك؟
Ich suche …	abḥaθ ʿan … أبحث عن …
Ich suche den Ausgang.	abḥaθ ʿan ṭarīq al χurūʒ أبحث عن طريق الخروج
Ich fahre nach …	ana ðāhib ila… أنا ذاهب إلى…
Gehe ich richtig nach …?	hal ana ʿalaṭ ṭarīq as ṣaḥīḥ ila …? هل أنا على الطريق الصحيح إلى… ؟
Ist es weit?	hal huwa baʿīd? هل هو بعيد؟
Kann ich dort zu Fuß hingehen?	hal yumkinuni an aṣil ila hunāk māʃiyan? هل يمكنني أن أصل إلى هناك ماشيا؟
Können Sie es mir auf der Karte zeigen?	arīni ʿalal χarīṭa min faḍlak أريني على الخريطة من فضلك
Zeigen Sie mir wo wir gerade sind.	arīni naḥnu ayna al ʾān أريني أين نحن الآن
Hier	huna هنا
Dort	hunāk هناك
Hierher	min huna من هنا
Biegen Sie rechts ab.	inʿaṭif yamīnan إنعطف يمينا
Biegen Sie links ab.	inʿaṭif yasāran إنعطف يسارا
erste (zweite, dritte) Abzweigung	awwal (θāni, θāliθ) ʃāriʿ أول (ثاني، ثالث) شارع
nach rechts	ilal yamīn إلى اليمين

nach links	ilal yasār **إلى اليسار**
Laufen Sie geradeaus.	iðhab ilal amām mubāʃaratan **إذهب إلى أمام مباشرة**

Schilder

HERZLICH WILLKOMMEN!	marḥaban مرحبا
EINGANG	duχūl دخول
AUSGANG	χurūʒ خروج
DRÜCKEN	idfaʿ إدفع
ZIEHEN	isḥab إسحب
OFFEN	maftūḥ مفتوح
GESCHLOSSEN	muɣlaq مغلق
FÜR DAMEN	lis sayyidāt للسيدات
FÜR HERREN	lir riʒāl للرجال
HERREN-WC	ar riʒāl الرجال
DAMEN-WC	as sayyidāt السيدات
RABATT | REDUZIERT	taχfīḍāt تخفيضات
AUSVERKAUF	ʾūkazyūn أوكازيون
GRATIS	maʒʒānan مجانا
NEU!	ʒadīd! جديد!
ACHTUNG!	intabih! إنتبه!
KEINE ZIMMER FREI	la tūʒad ɣuraf χāliya لا توجد غرف خالية
RESERVIERT	maḥʒūz محجوز
VERWALTUNG	al idāra الإدارة
NUR FÜR PERSONAL	lil ʿāmilīn faqaṭ للعاملين فقط

BISSIGER HUND	iḥtaris min al kalb! إحترس من الكلب!
RAUCHEN VERBOTEN!	mamnūʿ at tadχīn! ممنوع التدخين!
NICHT ANFASSEN!	mamnūʿ al lams! ممنوع اللمس!
GEFÄHRLICH	χaṭīr خطير
GEFAHR	χaṭar خطر
HOCHSPANNUNG	ʒuhd ʿāli جهد عالي
BADEN VERBOTEN	mamnūʿ as sibāḥa! ممنوع السباحة!

AUßER BETRIEB	muʿaṭṭal معطل
LEICHTENTZÜNDLICH	qābil lil iʃtiʿāl قابل للإشتعال
VERBOTEN	mamnūʿ ممنوع
DURCHGANG VERBOTEN	mamnūʿ at taʿaddi! ممنوع التعدي!
FRISCH GESTRICHEN	ṭilāʾ ḥadīθ طلاء حديث

WEGEN RENOVIERUNG GESCHLOSSEN	muɣlaq lit taʒdīdāt مغلق للتجديدات
ACHTUNG BAUARBEITEN	amāmak aʿmāl fiṭ ṭarīq أمامك أعمال طرق
UMLEITUNG	taḥwīla تحويلة

Transport - Allgemeine Phrasen

Flugzeug	ṭā'ira طائرة
Zug	qiṭār قطار
Bus	ḥāfila حافلة
Fähre	safīna سفينة
Taxi	taksi تاكسي
Auto	sayyāra سيارة
Zeitplan	ʒadwal جدول
Wo kann ich den Zeitplan sehen?	ayna yumkinuni an ara al ʒadwal? أين يمكنني أن أرى الجدول؟
Arbeitstage	ayyām al usbūʿ أيام الأسبوع
Wochenenden	nihāyat al usbūʿ نهاية الأسبوع
Ferien	ayyām al ʿutla ar rasmiyya أيام العطلة الرسمية
ABFLUG	al muɣādara المغادرة
ANKUNFT	al wuṣūl الوصول
VERSPÄTET	muta'aχχira متأخرة
GESTRICHEN	ulɣiyat ألغيت
nächste (Zug, usw.)	al qādim القادم
erste	al awwal الأول
letzte	al aχīr الأخير
Wann kommt der Nächste ...?	mata al ... al qādim? متى الـ ... القادم؟
Wann kommt der Erste ...?	mata awwal ...? متى أول ...؟

Wann kommt der Letzte …?	mata 'āχir …? **متى آخر ...؟**
Transfer	taɣyīr **تغيير**
einen Transfer machen	uɣạyyir **أغير**
Muss ich einen Transfer machen?	hal yaʒib ʻalayya taɣyīr al …? **هل يجب علي تغيير الـ...؟**

Eine Fahrkarte kaufen

Wo kann ich Fahrkarten kaufen?	ayna yumkinuni ʃirāʾ tazākir? أين يمكنني شراء التذاكر؟
Fahrkarte	taðkara تذكرة
Eine Fahrkarte kaufen	ʃirāʾ at taðkira شراء تذكرة
Fahrkartenpreis	siʿr at taðkira سعر التذكرة
Wohin?	ila ayna? إلى أين؟
Welche Station?	ila ayy maḥaṭṭa? إلى أي محطة؟
Ich brauche …	ana urīd … أنا أريد …
eine Fahrkarte	taðkara wāḥida تذكرة واحدة
zwei Fahrkarten	taðkaratayn تذكرتين
drei Fahrkarten	θalāθat taðākir ثلاث تذاكر
in eine Richtung	ðahāb faqaṭ ذهاب فقط
hin und zurück	ðahāban wa iyāban ذهابا وإيابا
erste Klasse	ad daraʒa al ūla الدرجة الأولى
zweite Klasse	ad daraʒa aθ θāniya الدرجة الثانية
heute	al yawm اليوم
morgon	ɣadan غدا
übermorgen	baʿd ɣad بعد غد
am Vormittag	fiṣ ṣabāḥ في الصباح
am Nachmittag	baʿd aẓ ẓuhr بعد الظهر
am Abend	fil masāʾ في المساء

Gangplatz	maqʿad bi ʒānib al mamarr مقعد بجانب الممر
Fensterplatz	maqʿad bi ʒānib an nāfiða مقعد بجانب النافذة
Wie viel?	bikam? بكم؟
Kann ich mit Karte zahlen?	hal yumkinuni an adfaʿ bi biṭāqat iʾtimān? هل يمكنني أن أدفع ببطاقة إئتمان؟

Bus

Bus	ḥāfila **حافلة**
Fernbus	ḥāfila bayn al mudun **حافلة بين المدن**
Bushaltestelle	maḥaṭṭat al ḥāfilāt **محطة الحافلات**
Wo ist die nächste Bushaltestelle?	ayna aqrab maḥaṭṭat al ḥāfilāt? **أين أقرب محطة الحافلات؟**
Nummer	raqm **رقم**
Welchen Bus nehme ich um nach … zu kommen?	ayy ḥāfila ta'χuðuni ila …? **أي حافلة تأخذني إلى...؟**
Fährt dieser Bus nach …?	hal taðhab haðihil ḥāfila ila …? **هل تذهب هذه الحافلة إلى...؟**
Wie oft fahren die Busse?	kam marra taðhab al ḥāfilāt? **كم مرة تذهب الحافلات؟**
alle fünfzehn Minuten	kull χams ʿaʃara daqīqa **كل 15 دقيقة**
jede halbe Stunde	kull niṣf sāʿa **كل نصف ساعة**
jede Stunde	kull sāʿa **كل ساعة**
mehrmals täglich	ʿiddat marrāt fil yawm **عدة مرات في اليوم**
… Mal am Tag	… marrāt fil yawm **... مرات في اليوم**
Zeitplan	ʒadwal **جدول**
Wo kann ich den Zeitplan sehen?	ayna yumkinuni an ara al ʒadwal? **أين يمكنني أن أرى الجدول؟**
Wann kommt der nächste Bus?	mata al ḥāfila al qādima? **متى الحافلة القادمة؟**
Wann kommt der erste Bus?	mata awwal ḥāfila? **متى أول حافلة؟**
Wann kommt der letzte Bus?	mata 'āχir ḥāfila? **متى آخر حافلة؟**
Halt	maḥaṭṭa **محطة**
Nächster Halt	al maḥaṭṭa al qādima **المحطة القادمة**

Letzter Halt	āχir mahatta	آخر محطة
Halten Sie hier bitte an.	qif huna min faḍlak	قف هنا من فضلك
Entschuldigen Sie mich, dies ist meine Haltestelle.	law samaḥt, haðihi maḥaṭṭati	لو سمحت، هذه محطتي

Zug

Zug	qiṭār قطار
S-Bahn	qiṭār aḍ ḍawāḥi قطار الضواحي
Fernzug	qiṭār al masāfāt aṭ ṭawīla قطار المسافات الطويلة
Bahnhof	maḥaṭṭat al qiṭārāt محطة القطارات
Entschuldigen Sie bitte, wo ist der Ausgang zum Bahngleis?	law samaḥt, ayna aṭ ṭarīq ilar raṣīf لو سمحت، أين الطريق إلى الرصيف؟
Fährt dieser Zug nach ...?	ha yatawaʒʒah haðal qiṭār ila ...? هل يتوجه هذا القطار إلى ...؟
nächste Zug	al qiṭār al qādim القطار القادم
Wann kommt der nächste Zug?	mata al qiṭār al qādim? متى القطار القادم؟
Wo kann ich den Zeitplan sehen?	ayna yumkinuni an ara al ʒadwal? أين يمكنني أن أرى الجدول؟
Von welchem Bahngleis?	min ayy raṣīf? من أي رصيف؟
Wann kommt der Zug in ... an?	mata yaṣil al qiṭār ila ...? متى يصل القطار إلى... ؟
Helfen Sie mir bitte.	sāʿidni min faḍlak ساعدني من فضلك
Ich suche meinen Platz.	ana abḥaθ ʿan maqʿadi أنا أبحث عن مقعدي
Wir suchen unsere Plätze.	naḥnu nabḥaθ ʿan maqāʿidina نحن نبحث عن مقاعدنا
Unser Platz ist besetzt.	maqʿadi maʃɣūl مقعدي مشغول
Unsere Plätze sind besetzt.	maqāʿiduna maʃɣūla مقاعدنا مشغولة
Entschuldigen Sie, aber das ist mein Platz.	ana ʾāsif lakin haða maqʿadi أنا آسف، ولكن هذا مقعدي
Ist der Platz frei?	hal haðal maqʿad maḥʒūz? هل هذا المقعد محجوز؟
Darf ich mich hier setzen?	hal yumkinuni an aqʿud huna? هل يمكنني أن أقعد هنا؟

Im Zug - Dialog (Keine Fahrkarte)

Fahrkarte bitte.	taðākir min faḍlak تذاكر من فضلك
Ich habe keine Fahrkarte.	laysat ʿindi taðkira ليست عندي تذكرة
Ich habe meine Fahrkarte verloren.	taðkarati ḍāʿat تذكرتي ضاعت
Ich habe meine Fahrkarte zuhause vergessen.	nasīt taðkirati fil bayt نسيت تذكرتي في البيت
Sie können von mir eine Fahrkarte kaufen.	yumkinak an taʃtari minni taðkira يمكنك أن تشتري مني تذكرة
Sie werden auch eine Strafe zahlen.	kama yaʒib ʿalayk an tadfaʿ ɣarāma كما يجب عليك أن تدفع غرامة
Gut.	ḥasanan حسنا
Wohin fahren Sie?	ila ayna taðhab? إلى أين تذهب؟
Ich fahre nach ...	aðhab ila ... أذهب إلى ...
Wie viel? Ich verstehe nicht.	bikam? ana la afham بكم؟ أنا لا أفهم
Schreiben Sie es bitte auf.	uktubha min faḍlak إكتبها من فضلك
Gut. Kann ich mit Karte zahlen?	ḥasanan. hal yumkinuni an adfaʿ bi bitāqat iʾtimān? حسنا. هل يمكنني أن أدفع ببطاقة إئتمان؟
Ja, das können Sie.	naʿam yumkinuk نعم يمكنك
Hier ist ihre Quittung.	tafaḍḍal al ʾīṣāl تفضل الإيصال
Tut mir leid wegen der Strafe.	ʾāsif bi χuṣūṣ al ɣarāma أنا آسف بخصوص الغرامة
Das ist in Ordnung. Es ist meine Schuld.	laysa hunāk ayy muʃkila. haðihi ɣalṭati ليس هناك أي مشكلة. هذه غلطتي
Genießen Sie Ihre Fahrt.	istamtaʿ bi riḥlatak إستمتع برحلتك

Taxi

Taxi	taksi **تاكسي**
Taxifahrer	sā'iq at taksi **سائق التاكسي**
Ein Taxi nehmen	'āχuð taksi **أخذ تاكسي**
Taxistand	mawqif taksi **موقف تاكسي**
Wo kann ich ein Taxi bekommen?	ayna yumkinuni an 'āχuð taksi? **أين يمكنني أن آخذ تاكسي؟**
Ein Taxi rufen	ṭalab taksi **طلب تاكسي**
Ich brauche ein Taxi.	aḥtāʒ ila taksi **أحتاج إلى تاكسي**
Jetzt sofort.	al 'ān **الآن**
Wie ist Ihre Adresse? (Standort)	ma huwa ʿunwānak? **ما هو عنوانك؟**
Meine Adresse ist …	ʿunwāni fi … **عنواني في …**
Ihr Ziel?	ila ayna taðhab? **إلى أين تذهب؟**

Entschuldigen Sie bitte, …	law samaḥt, … **لو سمحت، …**
Sind Sie frei?	hal anta fāḍy? **هل أنت فاض؟**
Was kostet die Fahrt nach …?	kam adfaʿ li aṣil ila …? **كم أدفع لأصل إلى…؟**
Wissen Sie wo es ist?	hal taʿrif ayna hiya? **هل تعرف أين هي؟**

Flughafen, bitte.	ilal maṭār min faḍlak **إلى المطار من فضلك**
Halten Sie hier bitte an.	qif huna min faḍlak **قف هنا، من فضلك**
Das ist nicht hier.	innaha laysat huna **إنها ليست هنا**
Das ist die falsche Adresse.	al ʿunwān χāṭi' **العنوان خاطئ**
nach links	inʿaṭif ilal yasār **إنعطف إلى اليسار**
nach rechts	inʿaṭif ilal yamīn **إنعطف إلى اليمين**

Was schulde ich Ihnen?	kam ana mudīn lak? **كم أنا مدين لك؟**
Ich würde gerne ein Quittung haben, bitte.	a'ṭini 'īṣāl min faḍlak. **أعطني إيصالا، من فضلك.**
Stimmt so.	iḥtafiẓ bil bāqi **إحتفظ بالباقي**

Warten Sie auf mich bitte	intaẓirni min faḍlak **إنتظرني من فضلك**
fünf Minuten	χams daqā'iq **خمس دقائق**
zehn Minuten	'aʃar daqā'iq **عشر دقائق**
fünfzehn Minuten	rub' sā'a **ربع ساعة**
zwanzig Minuten	θulθ sā'a **ثلث ساعة**
eine halbe Stunde	niṣf sā'a **نصف ساعة**

Hotel

Guten Tag.	as salāmu ʿalaykum **السلام عليكم**
Mein Name ist …	ismi … **إسمي …**
Ich habe eine Reservierung.	ʿindi ḥaʒz **لدي حجز**

Ich brauche …	urīd … **أريد …**
ein Einzelzimmer	ɣurfa li ʃaχṣ wāḥid **غرفة لشخص واحد**
ein Doppelzimmer	ɣurfa li ʃaχṣayn **غرفة لشخصين**
Wie viel kostet das?	kam siʿruha? **كم سعرها؟**
Das ist ein bisschen teuer.	hiya ɣāliya **هي غالية**

Haben Sie sonst noch etwas?	hal ʿindak χiyārāt uχra? **هل عندك خيارات أخرى؟**
Ich nehme es.	āχuðuha **آخذها**
Ich zahle bar.	adfaʿ naqdan **أدفع نقدا**

Ich habe ein Problem.	ʿindi muʃkila **عندي مشكلة**
Mein … ist kaputt.	… muʿaṭṭal **… معطل**
Mein … ist außer Betrieb.	… muʿaṭṭal /muʿaṭṭala/ **…معطل/ معطلة/**
Fernseher	at tilivizyūn **التليفزيون**
Klımaanlage	at takyıf **التكييف**
Wasserhahn	al ḥanafiyya **الحنفية**

Dusche	ad duʃ **الدوش**
Waschbecken	al ḥawḍ **الحوض**
Safe	al χazīna **الخزينة**

Türschloss	qifl al bāb **قفل الباب**
Steckdose	maχraʒ al kahrabā' **مخرج الكهرباء**
Föhn	muʒaffif aʃ ʃa'r **مجفف الشعر**
Ich habe kein …	laysa ladayya … **… ليس لدي**
Wasser	mā' **ماء**
Licht	nūr **نور**
Strom	kahrabā' **كهرباء**
Können Sie mir … geben?	hal yumkinak an ta'ṭīni …? **هل يمكنك أن تعطيني …؟**
ein Handtuch	fūṭa **فوطة**
eine Decke	baṭṭāniyya **بطانية**
Hausschuhe	ʃabāʃib **شباشب**
einen Bademantel	rūb **روب**
etwas Shampoo	ʃambu **شامبو**
etwas Seife	ṣābūn **صابون**
Ich möchte ein anderes Zimmer haben.	urīd an uɣayyir al ɣurfa **أريد أن أغير الغرفة**
Ich kann meinen Schlüssel nicht finden.	la astaṭī' an aʒid miftāḥi **لا أستطيع أن أجد مفتاحي**
Machen Sie bitte meine Tür auf	iftaḥ ɣurfati min faḍlak **إفتح غرفتي من فضلك**
Wer ist da?	man hunāk? **من هناك؟**
Kommen Sie rein!	tafaḍḍal! **تفضل!**
Einen Moment bitte!	daqīqa wāḥida! **دقيقة واحدة!**
Nicht jetzt bitte.	laysa al 'ān min faḍlak **ليس الآن من فضلك**
Kommen Sie bitte in mein Zimmer.	ta'āla ila ɣurfati law samaḥt **تعال إلى غرفتي لو سمحت**
Ich würde gerne Essen bestellen.	urīd an yuḥḍar aṭ ṭa'ām ila ɣurfati **أريد أن يحضر الطعام إلى غرفتي**
Meine Zimmernummer ist …	raqm gurfati huwa … **رقم غرفتي هو …**

Ich reise … ab.	uɣādir … أغادر …
Wir reisen … ab.	nuɣādir … نغادر …
jetzt	al ʾān الآن
diesen Nachmittag	baʿd aẓ ẓuhr بعد الظهر
heute Abend	masāʾ al yawm مساء اليوم
morgen	ɣadan غدا
morgen früh	ṣabāḥ al ɣad صباح الغد
morgen Abend	masāʾ al ɣad مساء الغد
übermorgen	baʿd ɣad بعد غد

Ich möchte die Zimmerrechnung begleichen.	urīd an adfaʿ أريد أن أدفع
Alles war wunderbar.	kull ʃayʾ kān rāʾiʿ كل شيء كان رائعا
Wo kann ich ein Taxi bekommen?	ayna yumkinuni an ʾāχuð taksi? أين يمكنني أن آخذ تاكسي؟
Würden Sie bitte ein Taxi für mich holen?	hal yumkinak an taṭlub li taksi law samaḥt? هل يمكنك أن تطلب لي تاكسي لو سمحت؟

Restaurant

Könnte ich die Speisekarte sehen bitte?	hal yumkinuni an ara qā'imat aṭ ṭa'ām min faḍlak? **هل يمكنني أن أرى قائمة الطعام من فضلك؟**
Tisch für einen.	mā'ida li ʃaχṣ wāḥid **مائدة لشخص واحد**
Wir sind zu zweit (dritt, viert).	naḥnu iθnān (θalāθa, arba'a) **نحن إثنان (ثلاثة، أربعة)**
Raucher	lil mudaχχinīn **للمدخنين**
Nichtraucher	li ɣayr al mudaχχinīn **لغير المدخنين**
Entschuldigen Sie mich! (Einen Kellner ansprechen)	law samaḥt **لو سمحت**
Speisekarte	qā'imat aṭ ṭa'ām **قائمة الطعام**
Weinkarte	qā'imat an nabīð **قائمة النبيذ**
Die Speisekarte bitte.	al qā'ima, law samaḥt **القائمة، لو سمحت**
Sind Sie bereit zum bestellen?	hal anta musta'idd liṭ ṭalab? **هل أنت مستعد للطلب؟**
Was würden Sie gerne haben?	māða tā'χuð? **ماذا تأخذ؟**
Ich möchte …	ana 'āhχuð … **أنا آخذ …**
Ich bin Vegetarier.	ana nabātiy **أنا نباتي**
Fleisch	laḥm **لحم**
Fisch	samak **سمك**
Gemüse	χuḍār **خضار**
Haben Sie vegetarisches Essen?	hal 'indak aṭbāq nabātiyya? **هل عندك أطباق نباتية؟**
Ich esse kein Schweinefleisch.	la 'ākul al χinzīr **لا آكل لحم الخنزير**
Er /Sie/ isst kein Fleisch.	huwa la ya'kul /hiya la ta'kul / al laḥm **هو لا يأكل /هي لا تأكل/ اللحم**

Ich bin allergisch auf …
ʿindi ḥassāsiyya ḍidda …
عندي حساسية ضد …

Könnten Sie mir bitte … Bringen.
aḥḍir li … min faḍlak
أحضر لي… من فضلك

Salz | Pfeffer | Zucker
milḥ | filfil | sukkar
ملح | فلفل | سكر

Kaffee | Tee | Nachtisch
qahwa | ʃāy | ḥalwa
قهوة | شاي | حلوى

Wasser | Sprudel | stilles
miyāh | ɣāziyya | bidūn ɣāz
مياه | غازية | بدون غاز

einen Löffel | eine Gabel | ein Messer
milʿaqa | ʃawka | sikkīn
ملعقة | شوكة | سكين

einen Teller | eine Serviette
ṭabaq | fūṭa
طبق افوطة

Guten Appetit!
bil hināʾ waʃ ʃifāʾ
بالهناء والشفاء

Noch einen bitte.
wāḥida kamān law samaḥt
واحدة كمان من فضلك

Es war sehr lecker.
kānat laðīða giddan
كانت لذيذة جدا

Scheck | Wechselgeld | Trinkgeld
ḥisāb | fakka | baqʃiʃ
حساب افكة ابقشيش

Zahlen bitte.
aḥḍir li al ḥisāb min faḍlak?
أحضر لي الحساب من فضلك

Kann ich mit Karte zahlen?
hal yumkinuni an adfaʿ bi biṭāqat iʾtimān?
هل يمكنني أن أدفع ببطاقة إئتمان؟

Entschuldigen Sie, hier ist ein Fehler.
ana ʾāsif, hunāk xaṭaʾ
أنا آسف، هناك خطأ

Einkaufen

Kann ich Ihnen behilflich sein?	momken usā'idak? هل أستطيع أن أساعدك؟
Haben Sie ...?	hal 'indak ...? هل عندك ...؟
Ich suche ...	ana abḥaθ 'an ... أنا أبحث عن ...
Ich brauche ...	urīd ... أريد ...
Ich möchte nur schauen.	ana faqat anẓur أنا فقط أنظر
Wir möchten nur schauen.	naḥnu faqat nanẓur نحن فقط ننظر
Ich komme später noch einmal zurück.	sa'a'ūd lāḥiqan سأعود لاحقا
Wir kommen später vorbei.	sana'ūd lāḥiqan سنعود لاحقا
Rabatt | Ausverkauf	taχfīḍāt | 'ūkazyūn تخفيضات أوكازيون
Zeigen Sie mir bitte ...	arīni ... min faḍlak أريني ... من فضلك
Geben Sie mir bitte ...	a'ṭini ... min faḍlak أعطني ... من فضلك
Kann ich es anprobieren?	hal yumkin an uʒarribahu? هل يمكن أن أجربه؟
Entschuldigen Sie bitte, wo ist die Anprobe?	law samaḥt, ayna γurfat al qiyās? لو سمحت، أين غرفة القياس؟
Welche Farbe mögen Sie?	ayy lawn turīd? أي لون تريد؟
Größe | Länge	maqās | ṭūl مقاس طول
Wie sitzt es?	hal yunāsibak? هل يناسبك؟
Was kostet das?	bikam? بكم؟
Das ist zu teuer.	haða γāli ʒiddan هذا غال جدا
Ich nehme es.	aʃtarīhi أشتريه
Entschuldigen Sie bitte, wo ist die Kasse?	ayna yumkinuni an adfa' law samaḥt? أين يمكنني أن أدفع لو سمحت؟

Zahlen Sie Bar oder mit Karte?	hal tadfaʿ naqdan aw bi biṭāqat iʾtimān? **هل تدفع نقدا أو ببطاقة إئتمان؟**
in Bar | mit Karte	naqdan | bi biṭāqat iʾtimān **نقدا | ببطاقة إئتمان**

Brauchen Sie die Quittung?	hal turīd ʾīṣāl? **هل تريد إيصالا؟**
Ja, bitte.	naʿam, min faḍlak **نعم، من فضلك**
Nein, es ist ok.	la, laysa hunāk ayy moʃkila **لا، ليس هناك أي مشكلة**
Danke. Einen schönen Tag noch!	ʃukran. yawmak saʿīd **شكرا. يومك سعيد**

In der Stadt

Entschuldigen Sie bitte, …	law samaḥt لو سمحت
Ich suche …	ana abḥaθ ʿan … أنا أبحث عن …
die U-Bahn	mitru al anfāq مترو الأنفاق
mein Hotel	funduqi فندقي
das Kino	as sinima السينما
den Taxistand	mawqif taksi موقف تاكسي
einen Geldautomat	mākīnat ṣarrāf ʾāliy ماكينة صراف آلي
eine Wechselstube	maktab ṣarrāfa مكتب صرافة
ein Internetcafé	maqha intirnit مقهى انترنت
die … -Straße	ʃāriʿ… شارع …
diesen Ort	haðal makān هذا المكان
Wissen Sie, wo … ist?	hal taʿrif ayna …? هل تعرف أين …؟
Wie heißt diese Straße?	ma ism haðaʃ ʃāriʿ? ما اسم هذا الشارع؟
Zeigen Sie mir wo wir gerade sind.	arīni naḥnu ayna al ʾān? أريني أين نحن الآن؟
Kann ich dort zu Fuß hingehen?	hal yumkinuni an aṣil ila hunāk māʃiyan? هل يمكنني أن أصل إلى هناك ماشيا؟
Haben Sie einen Stadtplan?	hal ʿindak χarīṭa lil madīna? هل عندك خريطة للمدينة؟
Was kostet eine Eintrittskarte?	bikam taðkarat ad duχūl? بكم تذكرة الدخول؟
Darf man hier fotografieren?	hal yumkinuni at taṣwīr huna? هل يمكنني التصوير هنا؟
Haben Sie offen?	hal ... maftūḥ? هل … مفتوح؟

Wann öffnen Sie?	mata taftaḥūn? **متى تفتحون؟**
Wann schließen Sie?	mata tuɣliqūn? **متى تغلقون؟**

Geld

Geld	nuqūd **نقود**
Bargeld	naqd **نقد**
Papiergeld	ʿumla waraqiyya **عملة ورقية**
Kleingeld	fakka **فكة**
Scheck | Wechselgeld | Trinkgeld	ḥisāb | fakka | baqʃīʃ **حساب افكة ابقشيش**
Kreditkarte	bitāqat iʾtimān **بطاقة إئتمان**
Geldbeutel	maḥfaẓat nuqūd **محفظة نقود**
kaufen	ʃirāʾ **شراء**
zahlen	dafʿ **دفع**
Strafe	ɣarāma **غرامة**
kostenlos	maʒʒānan **مجانا**
Wo kann ich … kaufen?	ayna yumkinuni ʃirāʾ …? **أين يمكنني شراء …؟**
Ist die Bank jetzt offen?	hal al bank maftūḥ al ʾān? **هل البنك مفتوح الآن؟**
Wann öffnet sie?	mata taftaḥ? **متى يفتح؟**
Wann schließt sie?	mata yuɣliq? **متى يغلق؟**
Wie viel?	bikam? **بكم؟**
Was kostet das?	bikam haða? **بكم هذا؟**
Das ist zu teuer.	haða ɣāli ʒiddan **هذا غال جدا**
Entschuldigen Sie bitte, wo ist die Kasse?	ayna yumkinuni an adfaʿ law samaḥt? **أين يمكنني أن أدفع لو سمحت؟**
Ich möchte zahlen.	al ḥisāb min faḍlak **الحساب من فضلك**

Kann ich mit Karte zahlen?	hal yumkinuni an adfa' bi biṭāqat i'timān? هل يمكنني أن أدفع ببطاقة إئتمان؟
Gibt es hier einen Geldautomat?	hal tūʒad huna mākīnat ṣarrāf 'āliy? هل توجد هنا ماكينة صراف آلي؟
Ich brauche einen Geldautomat.	ana abḥaθ 'an mākīnat ṣarrāf 'āliy أنا أبحث عن ماكينة صراف آلي

Ich suche eine Wechselstube.	ana abḥaθ 'an maktab ṣarrāfa أنا أبحث عن مكتب صرافة
Ich möchte … wechseln.	urīd taɣyīr … أريد تغيير …
Was ist der Wechselkurs?	kam si'r al 'umla? كم سعر العملة؟
Brauchen Sie meinen Reisepass?	hal taḥtāʒ ila ʒawāz safari? هل تحتاج إلى جواز سفري؟

Zeit

Wie spät ist es?
as sāʿa kam?
الساعة كم؟

Wann?
mata?
متى؟

Um wie viel Uhr?
fi ayy sāʿa?
في أي ساعة؟

jetzt | später | nach …
al ʾān | fi waqt lāḥiq | baʿd …
الآن افي وقت لاحق ا بعد …

---

ein Uhr
as sāʿa al wāḥida
الساعة الواحدة

Viertel zwei
as sāʿa al wāḥida wa ar rubʿ
الساعة الواحدة والربع

Ein Uhr dreißig
as sāʿa al wāḥida wa an niṣf
الساعة الواحدة والنصف

Viertel vor zwei
as sāʿa aθ θāniya illa rubʿ
الساعة الثانية إلا ربعا

---

eins | zwei | drei
al wāḥida | aθ θāniya | aθ θāliθa
الواحدة االثانية االثالثة

vier | fünf | sechs
ar rābiʿa | al χāmisa | as sādisa
الرابعة االخامسة االسادسة

sieben | acht | neun
as sābiʿa | aθ θāmina | at tāsiʿa
السابعة ا الثامنة االتاسعة

zehn | elf | zwölf
al ʿāʃira | al ḥādiya ʿaʃara |
aθ θāniya ʿaʃara
العاشرة ا الحادية عشرة ا الثانية عشرة

---

in …
baʿd …
بعد …

fünf Minuten
χams daqāʾiq
خمس دقائق

zehn Minuten
ʿaʃar daqāʾiq
عشر دقائق

fünfzehn Minuten
rubʿ sāʿa
ربع ساعة

zwanzig Minuten
θulθ sāʿa
ثلث ساعة

einer halben Stunde
niṣf sāʿa
نصف ساعة

einer Stunde
sāʿa
ساعة

am Vormittag	fiṣ ṣabāḥ في الصباح
früh am Morgen	fiṣ ṣabāḥ al bākir في الصباح الباكر
diesen Morgen	ṣabāḥ al yawm صباح اليوم
morgen früh	ṣabāḥ al ɣad صباح الغد

am Mittag	fi muntaṣif an nahār في منتصف النهار
am Nachmittag	baʿd aẓ ẓuhr بعد الظهر
am Abend	fil masāʾ في المساء
heute Abend	masāʾ al yawm مساء اليوم

in der Nacht	bil layl بالليل
gestern	ams أمس
heute	al yawm اليوم
morgen	ɣadan غداً
übermorgen	baʿd ɣad بعد غد

Welcher Tag ist heute?	fi ayy yawm naḥnu? في أي يوم نحن؟
Es ist ...	naḥnu fi ... نحن في ...
Montag	al iθnayn الإثنين
Dienstag	aθ θulāθāʾ الثلاثاء
Mittwoch	al ʾarbiʿāʾ الأربعاء

Donnerstag	al χamīs الخميس
Freitag	al ʒumʿa الجمعة
Samstag	as sabt السبت
Sonntag	al aḥad الأحد

Begrüßungen und Vorstellungen

Hallo.	as salāmu ʿalaykum السلام عليكم
Freut mich, Sie kennen zu lernen.	ana saʿīd ʒiddan bi liqā'ik أنا سعيد جدا بلقائك
Ganz meinerseits.	ana asʿad أنا أسعد
Darf ich vorstellen? Das ist …	awudd an uʿarrifak bi … أود أن أعرفك بـ …
Sehr angenehm.	furṣa saʿīda فرصة سعيدة

Wie geht es Ihnen?	kayf ḥālak? كيف حالك؟
Ich heiße …	ismi … أسمي …
Er heißt …	ismuhu … إسمه …
Sie heißt …	ismuha … إسمها …
Wie heißen Sie?	ma smuka? ما اسمك؟
Wie heißt er?	ma smuhu? ما اسمه؟
Wie heißt sie?	ma smuha? ما اسمها؟

Wie ist Ihr Nachname?	ma huwa ism ʿā'ilatak? ما هو إسم عائلتك؟
Sie können mich … nennen.	yumkinak an tunādīni bi… يمكنك أن تناديني بـ…
Woher kommen Sie?	min ayna anta? من أين أنت؟
Ich komme aus …	ana min … أنا من …
Was machen Sie beruflich?	māða taʿmal? ماذا تعمل؟
Wer ist das?	man haða من هذا؟
Wer ist er?	man huwa? من هو؟
Wer ist sie?	man hiya? من هي؟
Wer sind sie?	man hum? من هم؟

Das ist …	haða huwa /haðihi hiya/ … هذا هو /هذه هي... /
mein Freund	ṣadīqi صديقي
meine Freundin	ṣadīqati صديقتي
mein Mann	zawʒi زوجي
meine Frau	zawʒati زوجتي

mein Vater	abi أبي
meine Mutter	ummi أمي
mein Bruder	axi أخي
mein Sohn	ibni إبني
meine Tochter	ibnati إبنتي

Das ist unser Sohn.	haða huwa ibnuna هذا هو ابننا
Das ist unsere Tochter.	haðihi hiya ibnatuna هذه هي ابنتنا
Das sind meine Kinder.	haʾulāʾ awlādi هؤلاء أولادي
Das sind unsere Kinder.	haʾulāʾ awlāduna هؤلاء أولادنا

Verabschiedungen

Auf Wiedersehen!	as salāmu ʿalaykum السلام عليكم
Tschüss!	maʿ as salāma مع السلامة
Bis morgen.	ilal liqāʾ ɣadan إلى اللقاء غدا
Bis bald.	ilal liqāʾ إلى اللقاء
Bis um sieben.	ilal liqāʾ as sāʿa as sābiʿa إلى اللقاء الساعة السابعة
Viel Spaß!	atamanna laka waqtan ṭayyiban! أتمنى لكم وقتا طيبا!
Wir sprechen später.	ukallimuka lāḥiqan أكلمك لاحقا
Ich wünsche Ihnen ein schönes Wochenende.	ʿuṭlat usbūʿ saʿīda عطلة أسبوع سعيدة
Gute Nacht.	taṣbaḥ ʿala ɣayr تصبح على خير
Es ist Zeit, dass ich gehe.	innahu waqt ðahābi إنه وقت ذهابي
Ich muss gehen.	yaʒib ʿalayya an aðhab يجب علي أن أذهب
Ich bin gleich wieder da.	saʾaʿūd ḥālan سأعود حالا
Es ist schon spät.	al waqt mutaʾaχχar الوقت متأخر
Ich muss früh aufstehen.	yaʒib ʿalayya an anhaḍ bākiran يجب علي أن أنهض باكرا
Ich reise morgen ab.	innani uɣādir ɣadan إنني أغادر غدا
Wir reisen morgen ab.	innana nuɣādir ɣadan إننا نغادر غدا
Ich wünsche Ihnen eine gute Reise!	riḥla saʿīda! رحلة سعيدة!
Hat mich gefreut, Sie kennen zu lernen.	furṣa saʿīda فرصة سعيدة
Hat mich gefreut mit Ihnen zu sprechen.	kān laṭīf at taḥadduθ maʿak كان لطيفا التحدث معك
Danke für alles.	ʃukran ʿala kull ʃayʾ شكرا على كل شيء

Ich hatte eine sehr gute Zeit.	qaḍayt waqt ʒayyidan **قضيت وقتا جيدا**
Wir hatten eine sehr gute Zeit.	qaḍayna waqt ʒayyidan **قضينا وقتا جيدا**
Es war wirklich toll.	kull ʃay' kān rā'i' **كل شيء كان رائعا**
Ich werde Sie vermissen.	sa'aʃtāq ilayk **سأشتاق إليك**
Wir werden Sie vermissen.	sanaʃtāq ilayk **سنشتاق إليك**

Viel Glück!	bit tawfīq! ma' as salāma! **بالتوفيق! مع السلامة!**
Grüßen Sie …	taḥīyyāti li … **تحياتي لـ...**

Fremdsprache

Ich verstehe nicht.	ana la afham أنا لا أفهم
Schreiben Sie es bitte auf.	uktubha min fadlak إكتبها من فضلك
Sprechen Sie …?	hal tatakallam bi …? هل تتكلم بـ...؟
Ich spreche ein bisschen …	atakallam bi … qalīlan أتكلم بـ ... قليلا
Englisch	al inʒlīziyya الإنجليزية
Türkisch	at turkiyya التركية
Arabisch	al ʿarabiyya العربية
Französisch	al faransiyya الفرنسية
Deutsch	al almāniyya الألمانية
Italienisch	al itāliyya الإيطالية
Spanisch	al isbāniyya الإسبانية
Portugiesisch	al burtuɣāliyya البرتغالية
Chinesisch	aṣ ṣīniyya الصينية
Japanisch	al yabāniyya اليابانية
Können Sie das bitte wiederholen.	hal yumkinuka tikrār min faḍlak? هل يمكنك تكرار من فضلك؟
Ich verstehe.	ana afham انا أفهم
Ich verstehe nicht.	ana la afham أنا لا أفهم
Sprechen Sie etwas langsamer.	takallam bi buṭʾ akθar min faḍlak تكلم ببطء أكثر من فضلك
Ist das richtig?	hal haða ṣaḥīḥ? هل هذا صحيح؟
Was ist das? (Was bedeutet das?)	māða yaʿni? ماذا يعني؟

Entschuldigungen

Entschuldigen Sie bitte.	la tu'āχiðni min faḍlak لا تؤاخذني من فضلك
Es tut mir leid.	ana 'āṣif أنا آسف
Es tut mir sehr leid.	ana 'āsif ʒiddan أنا آسف جدا
Es tut mir leid, das ist meine Schuld.	ana 'āsif innaha ɣalṭati أنا آسف، إنها غلطتي
Das ist mein Fehler.	χaṭa'i خطئي
Darf ich ...?	hal yumkinuni ...? هل يمكنني ...؟
Haben Sie etwas dagegen, wenn ich ...?	hal tumāni' law ...? هل تمانع لو ...؟
Es ist okay.	laysa hunāk ayy muʃkila ليس هناك أي مشكلة
Alles in Ordnung.	kull ʃay' 'ala ma yurām كل شيء على ما يرام
Machen Sie sich keine Sorgen.	la taqlaq لا تقلق

Einigung

Ja.	naʿam نعم
Ja, natürlich.	aʒl أجل
Ok! (Gut!)	ḥasanan حسنا
Sehr gut.	ʒayyid ʒiddan جيد جدا
Natürlich!	bit ta'kīd! بالتأكيد!
Genau.	ana muwāfiq أنا موافق
Das stimmt.	haða ṣaḥīḥ هذا صحيح
Das ist richtig.	haða ṣaḥīḥ هذا صحيح
Sie haben Recht.	kalāmak ṣaḥīḥ كلامك صحيح
Ich habe nichts dagegen.	ana la umāniʿ أنا لا أمانع
Völlig richtig.	anta muḥiqq tamāman أنت محق تماما
Das kann sein.	innahu min al mumkin إنه من الممكن
Das ist eine gute Idee.	innaha fikra ʒayyida إنها فكرة جيدة
Ich kann es nicht ablehnen.	la astaṭīʿ an aqūl la لا أستطيع أن أقول لا
Ich würde mich freuen.	sa'akūn saʿīdan سأكون سعيدا
Gerne.	bi kull surūr بكل سرور

Ablehnung. Äußerung von Zweifel

Nein.	la لا
Natürlich nicht.	ṭabʿan la طبعا لا
Ich stimme nicht zu.	lastu muwāfiq لست موافقا
Das glaube ich nicht.	la aẓunn ðalika لا أظن ذلك
Das ist falsch.	laysa haða ṣaḥīḥ ليس هذا صحيحا
Sie liegen falsch.	aχṭaʾṭa أخطأت
Ich glaube, Sie haben Unrecht.	aẓunn annaka aχṭaʾt أظن أنك أخطأت
Ich bin nicht sicher.	lastu mutaʾakkid لست متأكدا
Das ist unmöglich.	haða mustaḥīl هذا مستحيل
Nichts dergleichen!	la ʃayʾ min haðan nawʿ لا شيء من هذا النوع
Im Gegenteil!	al ʿaks tamāman العكس تماما
Ich bin dagegen.	ana ḍidda ðalika أنا ضد ذلك
Es ist mir egal.	la yuhimmuni ðalika لا يهمني ذلك
Keine Ahnung.	laysa ladayya ayy fikra ليس لدي أي فكرة
Ich bezweifle, dass es so ist.	aʃukk fe ðalik أشك في ذلك
Es tut mir leid, ich kann nicht.	ʾāsif la astaṭīʿ آسف، لا أستطيع
Es tut mir leid, ich möchte nicht.	ʾāsif la urīd ðalika آسف، لا أريد ذلك
Danke, das brauche ich nicht.	ʃukran, wa lakinnani la aḥtāʒ ila ðalika شكرا، ولكنني لا أحتاج إلى ذلك
Es ist schon spät.	al waqt mutaʾaχχar الوقت متأخر

Ich muss früh aufstehen.	yaʒib ʿalayya an anhaḍ bākiran **يجب علي أن أنهض باكرا**
Mir geht es schlecht.	la aʃʿur bi χayr **لا أشعر بخير**

Dankbarkeit ausdrücken

Danke.	ʃukran شكرا
Dankeschön.	ʃukran ʒazīlan شكرا جزيلا
Ich bin Ihnen sehr verbunden.	ana uqaddir ðalika ḥaqqan أنا أقدر ذلك حقا
Ich bin Ihnen sehr dankbar.	ana mumtann lak ʒiddan أنا ممتن لك جدا
Wir sind Ihnen sehr dankbar.	naḥnu mumtannīn lak ʒiddan نحن ممتنون لك جدا
Danke, dass Sie Ihre Zeit geopfert haben.	ʃukran ʻala waqtak شكرا على وقتك
Danke für alles.	ʃukran ʻala kull ʃay' شكرا على كل شيء
Danke für …	ʃukran ʻala … شكرا على …
Ihre Hilfe	musāʻadatak مساعدتك
die schöne Zeit	al waqt al laṭīf الوقت اللطيف
das wunderbare Essen	waʒba rā'iʻa وجبة رائعة
den angenehmen Abend	amsiyya mumtiʻa أمسية ممتعة
den wunderschönen Tag	yawm rā'iʻ يوم رائع
die interessante Führung	riḥla mudhiʃa رحلة مدهشة
Keine Ursache.	la ʃukr ʻala wāʒib لا شكر على واجب
Nichts zu danken.	al ʻafw العفو
Immer gerne.	fi ayy waqt في أي وقت
Es freut mich, geholfen zu haben.	bi kull surūr بكل سرور
Vergessen Sie es.	insa al amr إنس الأمر
Machen Sie sich keine Sorgen.	la taqlaq لا تقلق

Glückwünsche. Beste Wünsche

Glückwunsch!	uhanniʾuka! أهنئك!
Alles gute zum Geburtstag!	ʿĪd milād saʿīd! عيد ميلاد سعيد!
Frohe Weihnachten!	ʿĪd milād saʿīd! عيد ميلاد سعيد!
Frohes neues Jahr!	sana ʒadīda saʿīda! سنة جديدة سعيدة!

Frohe Ostern!	ʿĪd fiṣḥ saʿīd! عيد فصح سعيد!
Frohes Hanukkah!	hanūka saʿīda! هانوكا سعيدة!

Ich möchte einen Toast ausbringen.	awudd an aqtariḥ naχb أود أن أقترح نخبا
Auf Ihr Wohl!	fi siḥḥatak في صحتك
Trinken wir auf …!	daʿawna naʃrab fi …! دعونا نشرب في …!
Auf unseren Erfolg!	naʒāḥna نجاحنا
Auf Ihren Erfolg!	naʒāḥak نجاحك

Viel Glück!	bit tawfīq! بالتوفيق!
Einen schönen Tag noch!	atamanna laka nahāran saʿīdan! أتمنى لك نهارا سعيدا!
Haben Sie einen guten Urlaub!	atamanna laka ʿuṭla ṭayyiba! أتمنى لك عطلة طيبة!
Haben Sie eine sichere Reise!	atamanna laka riḥla āmina! أتمنى لك رحلة آمنة!
Ich hoffe es geht Ihnen bald besser!	atamanna bi annaka satataḥassan qarīban أتمنى بأنك ستتحسن قريبا

Sozialisieren

Warum sind Sie traurig?	limāða anta ḥazīn? لماذا أنت حزين؟
Lächeln Sie!	ibtasim! إبتسم!
Sind Sie heute Abend frei?	hal anta ḥurr haðihil layla? هل أنت حر هذه الليلة؟

Darf ich Ihnen was zum Trinken anbieten?	hal tawudd an taʃrab ʃayʾ? هل تود أن تشرب شيئا؟
Möchten Sie tanzen?	hal tawudd an tarquṣ? هل تود أن ترقص؟
Gehen wir ins Kino.	daʿawna naðhab ilas sinima دعونا نذهب إلى السينما

Darf ich Sie ins … einladen?	hal yumkinuni an adʿūk ila …? هل يمكنني أن أدعوك إلى ...؟
Restaurant	maṭʿam مطعم
Kino	as sinima السينما
Theater	al masraḥ المسرح
auf einen Spaziergang	tamʃiya تمشية

Um wie viel Uhr?	fi ayy sāʿa? في أي ساعة؟
heute Abend	haðal masāʾ هذا المساء
um sechs Uhr	as sāʿa as sādisa الساعة السادسة
um sieben Uhr	as sāʿa as sābiʿa الساعة السابعة
um acht Uhr	as sāʿa aθ θāmina الساعة الثامنة
um neun Uhr	as sāʿa at tāsiʿa الساعة التاسعة

Gefällt es Ihnen hier?	hal yuʿʒibak al makān? هل يعجبك المكان؟
Sind Sie hier mit jemandem?	hal anta huna maʿ aḥad? هل أنت هنا مع أحد؟
Ich bin mit meinem Freund /meiner Freundin/.	ana maʿ ṣadīq أنا مع صديق

Ich bin mit meinen Freunden.	ana ma' aṣdiqā' أنا مع أصدقاء
Nein, ich bin alleine.	la, ana li waḥdi لا، أنا لوحدي

Hast du einen Freund?	hal 'indak ṣadīq? هل عندك صديق؟
Ich habe einen Freund.	ana 'indi ṣadīq أنا عندي صديق
Hast du eine Freundin?	hal 'indak ṣadīqa? هل عندك صديقة؟
Ich habe eine Freundin.	ana 'indi ṣadīqa أنا عندي صديقة

Kann ich dich nochmals sehen?	hal yumkinuni ru'yatak marra uxra? هل يمكنني رؤيتك مرة أخرى؟
Kann ich dich anrufen?	hal astaṭī' an attaṣil bik? هل أستطيع أن أتصل بك؟
Ruf mich an.	ittaṣil bi إتصل بي
Was ist deine Nummer?	ma raqmak? ما رقمك؟
Ich vermisse dich.	aʃtāq ilayk أشتاق إليك

Sie haben einen schönen Namen.	ismak ʒamīl إسمك جميل
Ich liebe dich.	uḥibbak أحبك
Willst du mich heiraten?	hal tatazawwaʒīnani? هل تتزوجينني؟
Sie machen Scherze!	anta tamzaḥ! أنت تمزح!
Ich habe nur gescherzt.	ana amzaḥ faqaṭ أنا أمزح فقط

Ist das Ihr Ernst?	hal anta gadd? هل أنت جاد؟
Das ist mein Ernst.	ana gādd أنا جاد
Echt?!	ṣaḥīḥ? صحيح؟
Das ist unglaublich!	haða ɣayr ma'qūl! هذا غير معقول!
Ich glaube Ihnen nicht.	la uṣaddiqak لا أصدقك
Ich kann nicht.	ana la astaṭī' أنا لا أستطيع
Ich weiß nicht.	la a'rif أنا لا أعرف
Ich verstehe Sie nicht.	la afhamak أنا لا أفهمك

Bitte gehen Sie weg.	min faḍlak iðhab min huna من فضلك إذهب من هنا
Lassen Sie mich in Ruhe!	utrukni li waḥdi! أتركني لوحدي!

Ich kann ihn nicht ausstehen.	ana la uṭīquhu أنا لا أطيقه
Sie sind widerlich!	anta muqrif أنت مقرف
Ich rufe die Polizei an!	haṭṭlob el ʃorṭa سأتصل بالشرطة

Gemeinsame Eindrücke. Emotionen

Das gefällt mir.	yuʿʒibuni ðalika **يعجبني ذلك**
Sehr nett.	ʒamīl ʒiddan **جميل جدا**
Das ist toll!	haða rāʾiʿ **هذا رائع**
Das ist nicht schlecht.	la baʾs bihi **لا بأس به**
Das gefällt mir nicht.	la yuʿʒibuni ðalika **لا يعجبني ذلك**
Das ist nicht gut.	laysa ʒayyid **ليس جيدا**
Das ist schlecht.	haða sayyiʾ **هذا سيء**
Das ist sehr schlecht.	haða sayyiʾ ʒiddan **هذا سيء جدا**
Das ist widerlich.	haða muqrif **هذا مقرف**
Ich bin glücklich.	ana saʿīd /saʿīda/ **أنا سعيد /سعيدة/**
Ich bin zufrieden.	ana mabsūṭ /mabsūṭa/ **أنا مبسوط /مبسوطة/**
Ich bin verliebt.	ana uḥibb **أنا أحب**
Ich bin ruhig.	ana hādiʾ /hādiʾa/ **أنا هادئ /هادئة/**
Ich bin gelangweilt.	aʃʿur bil malal **أشعر بالملل**
Ich bin müde.	ana taʿbān /taʿbāna/ **أنا تعبان /تعبانة/**
Ich bin traurig.	ana ḥazīn /ḥazīna/ **أنا حزين /حزينة/**
Ich habe Angst.	ana χāʾif /χāʾifa/ **أنا خائف /خائفة/**
Ich bin wütend.	ana ɣāḍib /ɣāḍiba/ **أنا غاضب /غاضبة/**
Ich mache mir Sorgen.	ana qaliq /qaliqa/ **أنا قلق /قلقة/**
Ich bin nervös.	ana mutawattir /mutawattira/ **أنا متوتر /متوترة/**

Ich bin eifersüchtig.	ana ɣayūr /ɣayūra/ **أنا غيور /غيورة/**
Ich bin überrascht .	ana mutafāʒiʾ /mutafāʒiʾa/ **أنا متفاجئ /متفاجئة/**
Es ist mir peinlich.	ana ḥāʾir /ḥāʾira/ **أنا حائر /حائرة/**

Probleme. Unfälle

Ich habe ein Problem.	ʿindi muʃkila عندي مشكلة
Wir haben Probleme.	ʿindana muʃkila عندنا مشكلة
Ich bin verloren.	aḍaʿt ṭarīqi أضعت طريقي
Ich habe den letzten Bus (Zug) verpasst.	fātatni ʾāxir ḥāfila فاتتني آخر حافلة
Ich habe kein Geld mehr.	laysa ladayya ayy māl ليس لدي أي مال

Ich habe mein ... verloren.	faqadt ... فقدت ...
Jemand hat mein ... gestohlen.	saraqu minni ... سرقوا مني ...
Reisepass	ʒawāz as safar جواز السفر
Geldbeutel	al maḥfaẓa المحفظة
Papiere	al awrāq الأوراق
Fahrkarte	at taðkira التذكرة
Geld	an nuqūd النقود
Tasche	aʃ ʃanṭa الشنطة
Kamera	al kamira الكاميرا
Laptop	al kumbyūtir al maḥmūl الكمبيوتر المحمول
Tabletcomputer	al kumbyūtir al lawḥiy الكمبيوتر اللوحي
Handy	at tilifūn al maḥmūl التليفون المحمول

Hilfe!	sāʿidni! !ساعدني
Was ist passiert?	māða ḥadaθ? ماذا حدث؟
Feuer	ḥarīqa حريقة
Schießerei	iṭlāq an nār إطلاق النار

Mord	qatl قتل
Explosion	infiʒār إنفجار
Schlägerei	χināqa خناقة

Rufen Sie die Polizei!	ittaṣil biʃ ʃurṭa! إتصل بالشرطة!
Beeilen Sie sich!	bi surʿa min faḍlak! بسرعة من فضلك!
Ich suche nach einer Polizeistation.	abḥaθ ʿan qism aʃ ʃurṭa أبحث عن قسم الشرطة
Ich muss einen Anruf tätigen.	urīd iʒrāʾ mukālama hātifiyya أريد إجراء مكالمة هاتفية
Kann ich Ihr Telefon benutzen?	hal yumkinuni an astaχdim tilifūnak? هل يمكنني أن أستخدم تليفونك؟

Ich wurde …	laqat taʿarraḍt li … لقد تعرضت لـ...
ausgeraubt	sirqa سرقة
überfallen	sirqa سرقة
vergewaltigt	iɣtiṣāb إغتصاب
angegriffen	iʿtidāʾ إعتداء

Ist bei Ihnen alles in Ordnung?	hal anta bi χayr? هل أنت بخير؟
Haben Sie gesehen wer es war?	hal raʾayt man kān ðalik? هل رأيت من كان ذلك؟
Sind Sie in der Lage die Person wiederzuerkennen?	hal tastaṭīʿ at taʿarruf ʿalayhi? هل ستستطيع التعرف عليه؟
Sind sie sicher?	hal anta mutaʾkked? هل أنت متأكد؟

Beruhigen Sie sich bitte!	ihdaʾ min faḍlak إهدأ من فضلك
Ruhig!	hawwin ʿalayk! هون عليك!
Machen Sie sich keine Sorgen	la taqlaq! لا تقلق!
Alles wird gut.	kull ʃayʾ sayakūn ʿala ma yurām كل شيء سيكون على ما يرام
Alles ist in Ordnung.	kull ʃayʾ ʿala ma yurām كل شيء على ما يرام
Kommen Sie bitte her.	taʿāla huna law samaḥt تعال هنا لو سمحت
Ich habe einige Fragen für Sie.	ʿindi lak asʾila عندي لك أسئلة

Warten Sie einen Moment bitte.	intaẓir laḥẓa min faḍlak إنتظر لحظة من فضلك
Haben Sie einen Identifikationsnachweis?	hal ʿindak biṭāqa ʃaχsiyya? هل عندك بطاقة شخصية؟
Danke. Sie können nun gehen.	ʃukran. yumkinuka al muɣādara al ʾān شكرا. يمكنك المغادرة الآن
Hände hinter dem Kopf!	ḍaʿ yadayk χalfa raʾsak! ضع يديك خلف رأسك!
Sie sind verhaftet!	anta mawqūf! أنت موقوف!

Gesundheitsprobleme

Helfen Sie mir bitte.	sāʿidni min faḍlak ساعدني من فضلك
Mir ist schlecht.	la aʃʿur bi χayr لا أشعر بخير
Meinem Ehemann ist schlecht.	zawʒi la yaʃʿur bi χayr زوجي لا يشعر بخير
Mein Sohn ...	ibni ... إبني ...
Mein Vater ...	abi ... أبي ...

Meine Frau fühlt sich nicht gut.	zawʒati la taʃʿur bi χayr زوجتي لا تشعر بخير
Meine Tochter ...	ibnati ... إبنتي ...
Meine Mutter ...	ummi ... أمي ...

Ich habe ... schmerzen.	ana ʿindi ... أنا عندي ...
Kopf-	ṣudāʿ صداع
Hals-	iltihāb fil ḥalq إلتهاب في الحلق
Bauch-	maɣaṣ مغص
Zahn-	alam asnān ألم أسنان

Mir ist schwindelig.	aʃʿur bid dawār أشعر بالدوار
Er hat Fieber.	ʿindahu ḥumma عنده حمى
Sie hat Fieber.	ʿindaha ḥumma عندها حمى
Ich kann nicht atmen.	la astaṭīʿ at tanaffus لا أستطيع التنفس

Ich kriege keine Luft.	aʃʿur bi ḍīq at tanaffus أشعر بضيق التنفس
Ich bin Asthmatiker.	uʿāni min ar rabw أعاني من الربو
Ich bin Diabetiker /Diabetikerin/	ana ʿindi maraḍ as sukkar أنا عندي مرض السكر

Ich habe Schlaflosigkeit.	la astaṭīʿ an anām لا أستطيع أن أنام
Lebensmittelvergiftung	tasammum ɣiðāʾiy تسمم غذائي
Es tut hier weh.	aʃur bi alam huna أشعر بألم هنا
Hilfe!	sāʿidni! ساعدني!
Ich bin hier!	ana huna! أنا هنا!
Wir sind hier!	naḥnu huna! نحن هنا!
Bringen Sie mich hier raus!	aχraʒūni min huna أخرجوني من هنا!
Ich brauche einen Arzt.	ana aḥtāʒ ila ṭabīb أنا أحتاج إلى طبيب
Ich kann mich nicht bewegen.	la astaṭīʿ an ataḥarrak لا أستطيع أن أتحرك
Ich kann meine Beine nicht bewegen.	la astaṭīʿ an uḥarrik riʒlayya لا أستطيع أن أحرك رجلي
Ich habe eine Wunde.	ʿindi ʒurḥ عندي جرح
Ist es ernst?	hal al amr χaṭīr? هل الأمر خطير؟
Meine Dokumente sind in meiner Hosentasche.	awrāqi fi ʒaybi أوراقي في جيبي
Beruhigen Sie sich!	ihdaʾ! إهدأ!
Kann ich Ihr Telefon benutzen?	hal yumkinuni an astaχdim tilifūnak? هل يمكنني أن أستخدم تليفونك؟
Rufen Sie einen Krankenwagen!	ittaṣil bil isʿāf! إتصل بالإسعاف!
Es ist dringend!	al amr ʿāʒil! الأمر عاجل!
Es ist ein Notfall!	innaha ḥāla ṭāriʾa! إنها حالة طارئة!
Schneller bitte!	bi surʿa min faḍlak! بسرعة من فضلك!
Können Sie bitte einen Arzt rufen?	ittaṣil biṭ ṭabib min faḍlak? إتصل بالطبيب من فضلك
Wo ist das Krankenhaus?	ayna al mustaʃfa? أين المستشفى؟
Wie fühlen Sie sich?	kayf taʃur al ʾān كيف تشعر الآن؟
Ist bei Ihnen alles in Ordnung?	hal anta bi χayr? هل أنت بخير؟
Was ist passiert?	māða ḥadaθ? ماذا حدث؟

Mir geht es schon besser.	aʃur bi taḥassụn al ʾān أشعر بتحسن الآن
Es ist in Ordnung.	la ḅa's لا بأس
Alles ist in Ordnung.	kull ʃay' ʻala ma yurām كل شيء على ما يرام

In der Apotheke

Apotheke	ṣaydaliyya صيدلية
24 Stunden Apotheke	ṣaydaliyya arba' wa 'iʃrīn sā'a صيدلية 24 ساعة
Wo ist die nächste Apotheke?	ayna aqrab ṣaydaliyya? أين أقرب صيدلية؟
Ist sie jetzt offen?	hal hiya maftūḥa al 'ān? هل هي مفتوحة الآن؟
Um wie viel Uhr öffnet sie?	mata taftaḥ? متى تفتح؟
Um wie viel Uhr schließt sie?	mata tuɣliq? متى تغلق؟
Ist es weit?	hal hiya ba'īda? هل هي بعيدة؟
Kann ich dort zu Fuß hingehen?	hal yumkinuni an aṣil ila hunāk māʃiyan? هل يمكنني أن أصل إلى هناك ماشيا؟
Können Sie es mir auf der Karte zeigen?	arīni 'alal χarīta min faḍlak أريني على الخريطة من فضلك
Bitte geben sie mir etwas gegen …	min faḍlak a'ṭini ʃay' li … من فضلك أعطني شيئا لـ…
Kopfschmerzen	aṣ ṣudā' الصداع
Husten	as su'āl السعال
eine Erkältung	al bard البرد
die Grippe	al influenza الأنفلوانزا
Fieber	al ḥumma الحمى
Magenschmerzen	el maɣaṣ المغص
Übelkeit	a ɣaθayān الغثيان
Durchfall	al ishāl الإسهال
Verstopfung	al imsāk الإمساك
Rückenschmerzen	alam fiẓ ẓahr ألم في الظهر

Brustschmerzen	alam fiṣ ṣadr	ألم في الصدر
Seitenstechen	ɣurza ʒānibiyya	غرزة جانبية
Bauchschmerzen	alam fil baṭn	ألم في البطن
Pille	ḥabba	حبة
Salbe, Creme	marham, krīm	مرهم، كريم
Sirup	ʃarāb	شراب
Spray	baxxāx	بخاخ
Tropfen	qaṭarāt	قطرات
Sie müssen ins Krankenhaus gehen.	ʿalayk an taðhab ilal mustaʃfa	عليك أن تذهب إلى المستشفى
Krankenversicherung	ta'mīn ṣiḥḥiy	تأمين صحي
Rezept	waṣfa ṭibbiyya	وصفة طبية
Insektenschutzmittel	ṭārid lil ḥaʃarāt	طارد للحشرات
Pflaster	laṣqa lil ʒurūḥ	لصقة للجروح

Das absolute Minimum

Entschuldigen Sie bitte, ...	law samaḥt, ... **لو سمحت، ...**
Hallo.	as salāmu ʿalaykum **السلام عليكم**
Danke.	ʃukran **شكرا**
Auf Wiedersehen.	maʿ as salāma **مع السلامة**
Ja.	naʿam **نعم**
Nein.	la **لا**
Ich weiß nicht.	la aʿrif **لا أعرف**
Wo? | Wohin? | Wann?	ayna? | ila ayna? | mata? **أين؟ ا إلى أين؟ ا متى؟**
Ich brauche ...	ana aḥtāʒ ila ... **أنا أحتاج إلى...**
Ich möchte ...	ana urīd ... **أنا أريد ...**
Haben Sie ...?	hal ʿindak ...? **هل عندك... ؟**
Gibt es hier ...?	hal yūʒad huna ...? **هل يوجد هنا ...؟**
Kann ich ...?	hal yumkinuni ...? **هل يمكنني...؟**
Bitte (anfragen)	... min faḍlak **... من فضلك**
Ich suche ...	abḥaθ ʿan ... **أبحث عن ...**
die Toilette	ḥammām **حمام**
den Geldautomat	mākīnat ṣarrāf ʾāliy **ماكينة صراف آلي**
die Apotheke	ṣaydaliyya **صيدلية**
das Krankenhaus	mustaʃfa **مستشفى**
die Polizeistation	qism aʃ ʃurṭa **قسم شرطة**
die U-Bahn	mitru al anfāq **مترو الأنفاق**

das Taxi	taksi تاكسي
den Bahnhof	maḥaṭṭat al qiṭār محطة القطار

Ich heiße ...	ismi ... إسمي...
Wie heißen Sie?	ma smuka? ما اسمك؟
Helfen Sie mir bitte.	sāʿidni min faḍlak ساعدني من فضلك
Ich habe ein Problem.	ʿindi muʃkila عندي مشكلة
Mir ist schlecht.	la aʃʿur bi χayr لا أشعر بخير
Rufen Sie einen Krankenwagen!	ittaṣil bil isʿāf! إتصل بالإسعاف!
Darf ich telefonieren?	hal yumkinuni iʒrāʾ mukālama tilifūniyya? هل يمكنني إجراء مكالمة هاتفية؟

Entschuldigung.	ana ʾāṣif أنا آسف
Keine Ursache.	al ʿafw العفو

ich	ana أنا
du	anta أنت
er	huwa هو
sie	hiya هي
sie (Pl, Mask.)	hum هم
sie (Pl, Fem.)	hum هم
wir	naḥnu نحن
ihr	antum أنتم
Sie	ḥaḍritak حضرتك

EINGANG	duχūl دخول
AUSGANG	χurūʒ خروج
AUßER BETRIEB	muʿaṭṭal معطل
GESCHLOSSEN	muɣlaq مغلق

OFFEN	maftūḥ **مفتوح**
FÜR DAMEN	lis sayyidāt **للسيدات**
FÜR HERREN	lir riʒāl **للرجال**

AKTUELLES VOKABULAR

Dieser Teil beinhaltet mehr als 3.000 der wichtigsten Wörter. Das Wörterbuch wird Ihnen wertvolle Unterstützung während Ihrer Reise bieten, weil einzelne, häufig benutzte Wörter genug sind, damit Sie verstanden werden.
Das Wörterbuch beinhaltet eine praktische Transkription jedes Fremdworts

T&P Books Publishing

INHALT WÖRTERBUCH

T&P Books Publishing

GRUNDBEGRIFFE

T&P Books Publishing

1. Pronomen

ich	ana	أنا
du (Mask.)	enta	أنت
du (Fem.)	enty	أنت
er	howwa	هوّ
sie	hiya	هيّ
wir	eḥna	إحنا
ihr	antom	أنتم
sie	hamm	همّ

2. Grüße. Begrüßungen

Hallo! (Amtsspr.)	assalamu ʿalaykum!	!السلام عليكم
Guten Morgen!	ṣabāḥ el χeyr!	!صباح الخير
Guten Tag!	neharak saʿīd!	!نهارك سعيد
Guten Abend!	masāʾ el χeyr!	!مساء الخير
grüßen (vi, vt)	sallem	سلّم
Hallo! (ugs.)	ahlan!	!أهلاً
Gruß (m)	salām (m)	سلام
begrüßen (vt)	sallem ʿala	سلّم على
Wie geht's?	ezzayek?	ازّيك؟
Was gibt es Neues?	aχbārak eyh?	أخبارك ايه؟
Auf Wiedersehen!	maʿ el salāma!	!مع السلامة
Bis bald!	aʃūfak orayeb!	!أشوفك قريب
Lebe wohl! Leben Sie wohl!	maʿ el salāma!	!مع السلامة
sich verabschieden	waddaʿ	ودّع
Tschüs!	bay bay!	!باي باي
Danke!	ʃokran!	!شكراً
Dankeschön!	ʃokran geddan!	!شكراً جداً
Bitte (Antwort)	el ʿafw	العفو
Keine Ursache.	la ʃokr ʿala wāgeb	لا شكر على واجب
Nichts zu danken.	el ʿafw	العفو
Entschuldige!	ʿan eznak!	!عن إذنك
Entschuldigung!	baʿd ezn ḥadretak!	!بعد إذن حضرتك
entschuldigen (vt)	ʿazar	عذر
sich entschuldigen	eʿtazar	أعتذر

Verzeihung!	ana 'āsef	أنا آسف
Es tut mir leid!	ana 'āsef!	أنا آسف!
verzeihen (vt)	'afa	عفا
bitte (Die Rechnung, ~!)	men faḍlak	من فضلك
Nicht vergessen!	ma tensāʃ!	ما تنساش!
Natürlich!	ṭab'an!	طبعاً!
Natürlich nicht!	la' ṭab'an!	لأ طبعاً!
Gut! Okay!	ettafa'na!	إتّفقنا!
Es ist genug!	kefāya!	كفاية!

3. Fragen

Wer?	mīn?	مين؟
Was?	eyh?	ايه؟
Wo?	feyn?	فين؟
Wohin?	feyn?	فين؟
Woher?	meneyn?	منين؟
Wann?	emta	امتى؟
Wozu?	'aʃān eyh?	عشان ايه؟
Warum?	leyh?	ليه؟
Wofür?	l eyh?	لـ ليه؟
Wie?	ezāy?	إزاي؟
Welcher?	eyh?	ايه؟
Wem?	le mīn?	لمين؟
Über wen?	'an mīn?	عن مين؟
Wovon? (~ sprichst du?)	'an eyh?	عن ايه؟
Mit wem?	ma' mīn?	مع مين؟
Wie viel? Wie viele?	kām?	كام؟
Wessen?	betā'et mīn?	بتاعت مين؟

4. Präpositionen

mit (Frau ~ Katzen)	ma'	مع
ohne (~ Dich)	men ɣeyr	من غير
nach (~ London)	ela	إلى
über (~ Geschäfte sprechen)	'an	عن
vor (z.B. ~ acht Uhr)	'abl	قبل
vor (z.B. ~ dem Haus)	'oddām	قدّام
unter (~ dem Schirm)	taḥt	تحت
über (~ dem Meeresspiegel)	fo'e	فوق
auf (~ dem Tisch)	'ala	على

aus (z.B. ~ München)	men	من
aus (z.B. ~ Porzellan)	men	من
in (~ zwei Tagen)	ba'd	بعد
über (~ zaun)	men 'ala	من على

5. Funktionswörter. Adverbien. Teil 1

Wo?	feyn?	فين؟
hier	hena	هنا
dort	henāk	هناك
irgendwo	fe makānen ma	في مكان ما
nirgends	meʃ fi ayī makān	مش في أيّ مكان
an (bei)	ganb	جنب
am Fenster	ganb el ʃebbāk	جنب الشبّاك
Wohin?	feyn?	فين؟
hierher	hena	هنا
dahin	henāk	هناك
von hier	men hena	من هنا
von da	men henāk	من هناك
nah (Adv)	'arīb	قريب
weit, fern (Adv)	be'īd	بعيد
in der Nähe von ...	'and	عند
in der Nähe	'arīb	قريب
unweit (~ unseres Hotels)	meʃ be'īd	مش بعيد
link (Adj)	el ʃemāl	الشمال
links (Adv)	'alal ʃemāl	على الشمال
nach links	lel ʃemāl	للشمال
recht (Adj)	el yemīn	اليمين
rechts (Adv)	'alal yemīn	على اليمين
nach rechts	lel yemīn	لليمين
vorne (Adv)	'oddām	قدّام
Vorder-	amāmy	أمامي
vorwärts	ela el amām	إلى الأمام
hinten (Adv)	wara'	وراء
von hinten	men wara	من ورّا
rückwärts (Adv)	le wara	لورّا
Mitte (f)	wasaṭ (m)	وسط
in der Mitte	fel wasat	في الوسط
seitlich (Adv)	'ala ganb	على جنب

überall (Adv)	fe kol makān	في كل مكان
ringsherum (Adv)	ḥawaleyn	حوالين
von innen (Adv)	men gowwah	من جوّه
irgendwohin (Adv)	le ʾayī makān	لأي مكان
geradeaus (Adv)	ʿala ṭūl	على طول
zurück (Adv)	rogūʿ	رجوع
irgendwoher (Adv)	men ayī makān	من أيّ مكان
von irgendwo (Adv)	men makānen mā	من مكان ما
erstens	awwalan	أوّلاً
zweitens	sāneyan	ثانياً
drittens	sālesan	ثالثاً
plötzlich (Adv)	fagʾa	فجأة
zuerst (Adv)	fel bedāya	في البداية
zum ersten Mal	le ʾawwel marra	لأوّل مرّة
lange vor…	ʾabl … be modda ṭawīla	قبل... بمدة طويلة
von Anfang an	men gedīd	من جديد
für immer	lel abad	للأبد
nie (Adv)	abadan	أبداً
wieder (Adv)	tāny	تاني
jetzt (Adv)	delwaʾty	دلوقتي
oft (Adv)	ketīr	كتير
damals (Adv)	waʾtaha	وقتها
dringend (Adv)	ʿala ṭūl	على طول
gewöhnlich (Adv)	ʿādatan	عادةً
übrigens, …	ʿala fekra …	على فكرة...
möglicherweise (Adv)	momken	ممكن
wahrscheinlich (Adv)	momken	ممكن
vielleicht (Adv)	momken	ممكن
außerdem …	bel eḍāfa ela …	بالإضافة إلى...
deshalb …	ʿaʃān keda	عشان كده
trotz …	bel raɣm men …	بالرغم من...
dank …	be faḍl …	بفضل...
was (~ ist denn?)	elly	إللي
das (~ ist alles)	ennu	إنّه
etwas	ḥāga (f)	حاجة
irgendwas	ayī ḥāga (f)	أيّ حاجة
nichts	wala ḥāga	ولا حاجة
wer (~ ist ~?)	elly	إللي
jemand	ḥadd	حدّ
irgendwer	ḥadd	حدّ
niemand	wala ḥadd	ولا حدّ
nirgends	meʃ le wala makān	مش لـ ولا مكان
niemandes (~ Eigentum)	wala ḥadd	ولا حدّ

jemandes	le ḥadd	لحدّ
so (derart)	geddan	جداً
auch	kamān	كمان
ebenfalls	kamān	كمان

6. Funktionswörter. Adverbien. Teil 2

Warum?	leyh?	ليه؟
aus irgendeinem Grund	le sabeben ma	لسبب ما
weil …	ʿaʃān …	عشان …
zu irgendeinem Zweck	le hadafen mā	لهدف ما
und	w	و
oder	walla	ولّا
aber	bass	بسّ
für (präp)	ʿaʃān	عشان
zu (~ viele)	ketīr geddan	كتير جدّاً
nur (~ einmal)	bass	بسّ
genau (Adv)	bel ḍabṭ	بالضبط
etwa	naḥw	نحو
ungefähr (Adv)	naḥw	نحو
ungefähr (Adj)	taqrīby	تقريبي
fast	taʾrīban	تقريباً
Übrige (n)	el bāʾy (m)	الباقي
jeder (~ Mann)	koll	كلّ
beliebig (Adj)	ayī	أيّ
viel	ketīr	كتير
viele Menschen	nās ketīr	ناس كتير
alle (wir ~)	koll el nās	كلّ الناس
im Austausch gegen …	fi moqābel …	في مقابل …
dafür (Adv)	fe moqābel	في مقابل
mit der Hand (Hand-)	bel yad	باليد
schwerlich (Adv)	bel kād	بالكاد
wahrscheinlich (Adv)	momken	ممكن
absichtlich (Adv)	bel ʾaṣd	بالقصد
zufällig (Adv)	bel ṣodfa	بالصدفة
sehr (Adv)	ʾawy	قويّ
zum Beispiel	masalan	مثلاً
zwischen	beyn	بين
unter (Wir sind ~ Mördern)	wesṭ	وسط
so viele (~ Ideen)	ketīr	كتير
besonders (Adv)	χāṣṣa	خاصّة

ZAHLEN. VERSCHIEDENES

T&P Books Publishing

7. Grundzahlen. Teil 1

null	ṣefr	صفر
eins	wāḥed	واحد
eine	waḥda	واحدة
zwei	etneyn	إتنين
drei	talāta	ثلاثة
vier	arbaʿa	أربعة
fünf	χamsa	خمسة
sechs	setta	ستّة
sieben	sabʿa	سبعة
acht	tamanya	ثمانية
neun	tesʿa	تسعة
zehn	ʿaʃara	عشرة
elf	ḥedāʃar	حداشر
zwölf	etnāʃar	إتناشر
dreizehn	talattāʃar	تلاتّاشر
vierzehn	arbaʿtāʃer	أربعتاشر
fünfzehn	χamastāʃer	خمستاشر
sechzehn	settāʃar	ستّاشر
siebzehn	sabaʿtāʃar	سبعتاشر
achtzehn	tamantāʃar	تمنتاشر
neunzehn	tesʿatāʃar	تسعتاشر
zwanzig	ʿeʃrīn	عشرين
einundzwanzig	wāḥed we ʿeʃrīn	واحد وعشرين
zweiundzwanzig	etneyn we ʿeʃrīn	إتنين وعشرين
dreiundzwanzig	talāta we ʿeʃrīn	ثلاثة وعشرين
dreißig	talatīn	ثلاثين
einunddreißig	wāḥed we talatīn	واحد وتلاتين
zweiunddreißig	etneyn we talatīn	إتنين وتلاتين
dreiunddreißig	talāta we talatīn	ثلاثة وثلاثين
vierzig	arbeʿīn	أربعين
einundvierzig	wāḥed we arbeʿīn	واحد وأربعين
zweiundvierzig	etneyn we arbeʿīn	إتنين وأربعين
dreiundvierzig	talāta we arbeʿīn	ثلاثة وأربعين
fünfzig	χamsīn	خمسين
einundfünfzig	wāḥed we χamsīn	واحد وخمسين
zweiundfünfzig	etneyn we χamsīn	إتنين وخمسين
dreiundfünfzig	talāta we χamsīn	ثلاثة وخمسين

sechzig	settīn	ستّين
einundsechzig	wāḥed we settīn	واحد وستّين
zweiundsechzig	etneyn we settīn	إتنين وستّين
dreiundsechzig	talāta we settīn	ثلاثة وستّين
siebzig	sab'īn	سبعين
einundsiebzig	wāḥed we sab'īn	واحد وسبعين
zweiundsiebzig	etneyn we sab'īn	إتنين وسبعين
dreiundsiebzig	talāta we sab'īn	ثلاثة وسبعين
achtzig	tamanīn	ثمانين
einundachtzig	wāḥed we tamanīn	واحد وتمانين
zweiundachtzig	etneyn we tamanīn	إتنين وتمانين
dreiundachtzig	talāta we tamanīn	ثلاثة وثمانين
neunzig	tes'īn	تسعين
einundneunzig	wāḥed we tes'īn	واحد وتسعين
zweiundneunzig	etneyn we tes'īn	إتنين وتسعين
dreiundneunzig	talāta we tes'īn	ثلاثة وتسعين

8. Grundzahlen. Teil 2

einhundert	miya	ميّة
zweihundert	meteyn	ميتين
dreihundert	toltomiya	تلتميّة
vierhundert	rob'omiya	ربعميّة
fünfhundert	χomsomiya	خمسميّة
sechshundert	sotomiya	ستميّة
siebenhundert	sob'omiya	سبعميّة
achthundert	tomnome'a	ثمنمئة
neunhundert	tos'omiya	تسعميّة
eintausend	alf	ألف
zweitausend	alfeyn	ألفين
dreitausend	talat 'ālāf	ثلاث آلاف
zehntausend	'aʃaret 'ālāf	عشرة آلاف
hunderttausend	mīt alf	ميت ألف
Million (f)	millyon (m)	مليون
Milliarde (f)	millyār (m)	مليار

9. Ordnungszahlen

der erste	awwel	أوّل
der zweite	tāny	ثاني
der dritte	tālet	ثالث
der vierte	rābe'	رابع
der fünfte	χāmes	خامس

der sechste	sādes	سادس
der siebte	sābeʿ	سابع
der achte	tāmen	ثامن
der neunte	tāseʿ	تاسع
der zehnte	ʿāʃer	عاشر

FARBEN. MASSEINHEITEN

T&P Books Publishing

10. Farben

Farbe (f)	lone (m)	لون
Schattierung (f)	daraget el lōn (m)	درجة اللون
Farbton (m)	ṣabɣet lōn (f)	صبغة اللون
Regenbogen (m)	qose qozaḥ (m)	قوس قزح
weiß	abyaḍ	أبيض
schwarz	aswad	أسود
grau	romādy	رمادي
grün	aχḍar	أخضر
gelb	aṣfar	أصفر
rot	aḥmar	أحمر
blau	azra'	أزرق
hellblau	azra' fāteḥ	أزرق فاتح
rosa	wardy	وردي
orange	bortoqāly	برتقاليّ
violett	banaffsegy	بنفّسجي
braun	bonny	بنّي
golden	dahaby	ذهبي
silbrig	feḍḍy	فضّي
beige	bɛ:ʒ	بيج
cremefarben	ʿāgy	عاجيّ
türkis	fayrūzy	فيروزي
kirschrot	aḥmar karazy	أحمر كرزي
lila	laylaky	ليّلكي
himbeerrot	qormozy	قرمزي
hell	fāteḥ	فاتح
dunkel	ɣāme'	غامق
grell	zāhy	زاهي
Farb- (z.B. -stifte)	melawwen	ملوّن
Farb- (z.B. -film)	melawwen	ملوّن
schwarz-weiß	abyaḍ we aswad	أبيض وأسوّد
einfarbig	sāda	سادة
bunt	motaʿadded el alwān	متعددّ الألوان

11. Maßeinheiten

Gewicht (n)	wazn (m)	وزن
Länge (f)	ṭūl (m)	طول

Breite (f)	ʿarḍ (m)	عرض
Höhe (f)	ertefāʿ (m)	إرتفاع
Tiefe (f)	ʿomq (m)	عمق
Volumen (n)	ḥagm (m)	حجم
Fläche (f)	mesāḥa (f)	مساحة
Gramm (n)	gram (m)	جرام
Milligramm (n)	milligrām (m)	ملّيغرام
Kilo (n)	kilogrām (m)	كيلوغرام
Tonne (f)	ṭenn (m)	طنّ
Pfund (n)	reṭl (m)	رطل
Unze (f)	onṣa (f)	أونصة
Meter (m)	metr (m)	متر
Millimeter (m)	millimetr (m)	ملّيمتر
Zentimeter (m)	santimetr (m)	سنتيمتر
Kilometer (m)	kilometr (m)	كيلومتر
Meile (f)	mīl (m)	ميل
Zoll (m)	boṣa (f)	بوصة
Fuß (m)	ʾadam (m)	قدم
Yard (n)	yarda (f)	ياردة
Quadratmeter (m)	metr morabbaʿ (m)	متر مربّع
Hektar (n)	hektār (m)	هكتار
Liter (m)	litre (m)	لتر
Grad (m)	daraga (f)	درجة
Volt (n)	volt (m)	فولت
Ampere (n)	ambere (m)	أمبير
Pferdestärke (f)	ḥoṣān (m)	حصان
Anzahl (f)	kemiya (f)	كميّة
etwas …	ʃewayet …	شويّة…
Hälfte (f)	noṣṣ (m)	نصّ
Dutzend (n)	desta (f)	دستة
Stück (n)	waḥda (f)	وحدة
Größe (f)	ḥagm (m)	حجم
Maßstab (m)	meʾyās (m)	مقياس
minimal (Adj)	el adna	الأدنى
der kleinste	el aṣɣar	الأصغر
mittler, mittel-	motawasseṭ	متوّسط
maximal (Adj)	el aqṣa	الأقصى
der größte	el akbar	الأكبر

12. Behälter

Glas (Einmachglas)	barṭamān (m)	برطمان
Dose (z.B. Bierdose)	kanz (m)	كانز

Eimer (m)	gardal (m)	جردل
Fass (n), Tonne (f)	barmīl (m)	برميل
Waschschüssel (n)	ḥoḍe lel ɣasīl (m)	حوض للغسيل
Tank (m)	χazzān (m)	خزّان
Flachmann (m)	zamzamiya (f)	زمزميّة
Kanister (m)	ʒerken (m)	جركن
Zisterne (f)	χazzān (m)	خزّان
Kaffeebecher (m)	mugg (m)	ماجّ
Tasse (f)	fengān (m)	فنجان
Untertasse (f)	ṭabaʾ fengān (m)	طبق فنجان
Wasserglas (n)	kobbāya (f)	كوبّاية
Weinglas (n)	kāsa (f)	كاسة
Kochtopf (m)	ḥalla (f)	حلّة
Flasche (f)	ezāza (f)	إزازة
Flaschenhals (m)	ʿonq (m)	عنق
Karaffe (f)	dawraʾ zogāgy (m)	دوّرق زجاجي
Tonkrug (m)	ebrīʾ (m)	إبريق
Gefäß (n)	weʿāʾ (m)	وعاء
Tontopf (m)	aṣīṣ (m)	أصيص
Vase (f)	vāza (f)	فازة
Flakon (n)	ezāza (f)	إزازة
Fläschchen (n)	ezāza (f)	إزازة
Tube (z.B. Zahnpasta)	anbūba (f)	أنبوبة
Sack (~ Kartoffeln)	kīs (m)	كيس
Tüte (z.B. Plastiktüte)	kīs (m)	كيس
Schachtel (z.B. Zigaretten~)	ʿelba (f)	علبة
Karton (z.B. Schuhkarton)	ʿelba (f)	علبة
Kiste (z.B. Bananenkiste)	ṣandūʾ (m)	صندوق
Korb (m)	salla (f)	سلّة

BOOKS

DIE WICHTIGSTEN VERBEN

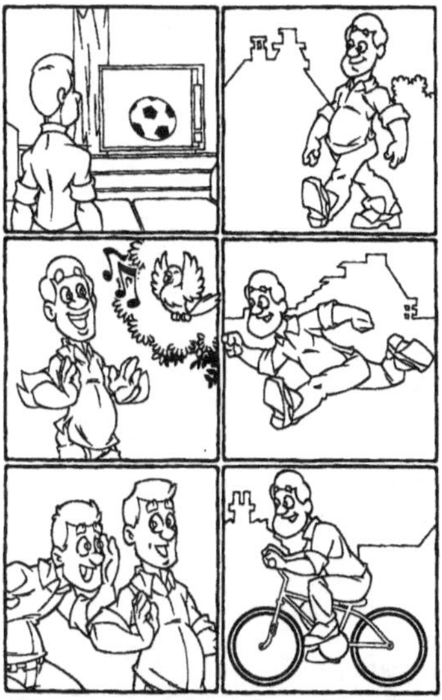

T&P Books Publishing

13. Die wichtigsten Verben. Teil 1

abbiegen (nach links ~)	ḥād	حاد
abschicken (vt)	arsal	أرسل
ändern (vt)	ɣayar	غيّر
andeuten (vt)	edda lamḥa	إدّى لمحة
Angst haben	χāf	خاف
ankommen (vi)	weṣel	وصل
antworten (vi)	gāwab	جاوب
arbeiten (vi)	eʃtaɣal	إشتغل
auf … zählen	eʿtamad ʿala …	إعتمد على...
aufbewahren (vt)	ḥafaẓ	حفظ
aufschreiben (vt)	katab	كتب
ausgehen (vi)	χarag	خرج
aussprechen (vt)	naṭaʾ	نطق
bedauern (vt)	nedem	ندم
bedeuten (vt)	ʾaṣad	قصد
beenden (vt)	χallaṣ	خلّص
befehlen (Milit.)	amar	أمر
befreien (Stadt usw.)	ḥarrar	حرّر
beginnen (vt)	badaʾ	بدأ
bemerken (vt)	lāḥaẓ	لاحظ
beobachten (vt)	rāqab	راقب
berühren (vt)	lamas	لمس
besitzen (vt)	malak	ملك
besprechen (vt)	nāʾeʃ	ناقش
bestehen auf	aṣarr	أصرّ
bestellen (im Restaurant)	ṭalab	طلب
bestrafen (vt)	ʿāqab	عاقب
beten (vi)	ṣalla	صلّى
bitten (vt)	ṭalab	طلب
brechen (vt)	kasar	كسر
denken (vi, vt)	fakkar	فكّر
drohen (vi)	hadded	هدّد
Durst haben	ʿāyez aʃrab	عايز أشرب
einladen (vt)	ʿazam	عزم
einstellen (vt)	baṭṭal	بطّل
einwenden (vt)	eʿtaraḍ	إعترض
empfehlen (vt)	naṣaḥ	نصح
erklären (vt)	ʃaraḥ	شرح

erlauben (vt)	samaḥ	سمح
ermorden (vt)	ʾatal	قتل
erwähnen (vt)	zakar	ذكر
existieren (vi)	kān mawgūd	كان موّجود

14. Die wichtigsten Verben. Teil 2

fallen (vi)	weʾeʿ	وقع
fallen lassen	waʾʾaʿ	وقّع
fangen (vt)	mesek	مسك
finden (vt)	laʾa	لقى
fliegen (vi)	ṭār	طار
folgen (Folge mir!)	tatabbaʿ	تتبّع
fortsetzen (vt)	wāṣel	واصل
fragen (vt)	saʾal	سأل
frühstücken (vi)	feṭer	فطر
geben (vt)	edda	إدّى
gefallen (vi)	ʿagab	عجب
gehen (zu Fuß gehen)	meʃy	مشي
gehören (vi)	χaṣṣ	خص
graben (vt)	ḥafar	حفر
haben (vt)	malak	ملك
helfen (vi)	sāʿed	ساعد
herabsteigen (vi)	nezel	نزل
hereinkommen (vi)	daχal	دخل
hoffen (vi)	tamanna	تمنّى
hören (vt)	semeʿ	سمع
hungrig sein	ʿāyez ʾākol	عايز آكل
informieren (vt)	ʾāl ly	قال لي
jagen (vi)	eṣṭād	اصطاد
kennen (vt)	ʿeref	عرف
klagen (vi)	ʃaka	شكا
können (v mod)	ʾeder	قدر
kontrollieren (vt)	et-ḥakkem	إتحكّم
kosten (vt)	kallef	كلّف
kränken (vt)	ahān	أهان
lächeln (vi)	ebtasam	إبتسم
lachen (vi)	ḍeḥek	ضحك
laufen (vi)	gery	جري
leiten (Betrieb usw.)	adār	أدار
lernen (vt)	daras	درس
lesen (vi, vt)	ʾara	قرأ
lieben (vt)	ḥabb	حبّ

machen (vt)	ʻamal	عمل
mieten (Haus usw.)	estʼgar	إستأجر
nehmen (vt)	aχad	أخذ
noch einmal sagen	karrar	كرّر
nötig sein	maṭlūb	مطلوب
öffnen (vt)	fataḥ	فتح

15. Die wichtigsten Verben. Teil 3

planen (vt)	χaṭṭeṭ	خطّط
prahlen (vi)	tabāha	تباهى
raten (vt)	naṣaḥ	نصح
rechnen (vt)	ʻadd	عدّ
reservieren (vt)	ḥagaz	حجز
retten (vt)	anqaz	أنقذ
richtig raten (vt)	χammen	خمّن
rufen (um Hilfe ~)	estaɣās	إستغاث
sagen (vt)	ʼāl	قال
schaffen (Etwas Neues zu ~)	ʻamal	عمل
schelten (vt)	wabbeχ	وبّخ
schießen (vi)	ḍarab bel nār	ضرب بالنار
schmücken (vt)	zayen	زيّن
schreiben (vi, vt)	katab	كتب
schreien (vi)	ṣarraχ	صرّخ
schweigen (vi)	seket	سكت
schwimmen (vi)	ʻām	عام
schwimmen gehen	sebeḥ	سبح
sehen (vi, vt)	ʃāf	شاف
sein (vi)	kān	كان
sich beeilen	estaʻgel	إستعجل
sich entschuldigen	eʻtazar	إعتذر
sich interessieren	ehtamm be	إهتمّ ب
sich irren	ɣeleṭ	غلط
sich setzen	ʼaʻad	قعد
sich weigern	rafaḍ	رفض
spielen (vi, vt)	leʻeb	لعب
sprechen (vi)	kallem	كلّم
staunen (vi)	etfāgeʼ	إتفاجئ
stehlen (vt)	saraʼ	سرق
stoppen (vt)	waʼʼaf	وقّف
suchen (vt)	dawwar ʻala	دوّر على

16. Die wichtigsten Verben. Teil 4

täuschen (vt)	χadaʿ	خدع
teilnehmen (vi)	ʃārek	شارك
übersetzen (Buch usw.)	targem	ترجم
unterschätzen (vt)	estaχaff	إستخفّ
unterschreiben (vt)	waqqaʿ	وقّع
vereinigen (vt)	waḥḥed	وحّد
vergessen (vt)	nesy	نسي
vergleichen (vt)	qāran	قارن
verkaufen (vt)	bāʿ	باع
verlangen (vt)	ṭāleb	طالب
versäumen (vt)	ɣāb	غاب
versprechen (vt)	waʿad	وعد
verstecken (vt)	χabba	خبّأ
verstehen (vt)	fehem	فهم
versuchen (vt)	ḥāwel	حاول
verteidigen (vt)	dāfaʿ	دافع
vertrauen (vi)	wasaq	وثق
verwechseln (vt)	etlaχbaṭ	إتلخبط
verzeihen (vt)	ʿafa	عفا
voraussehen (vt)	tanabbaʾ	تنبّأ
vorschlagen (vt)	ʿaraḍ	عرض
vorziehen (vt)	faḍḍal	فضّل
wählen (vt)	eχtār	إختار
warnen (vt)	ḥazzar	حذّر
warten (vi)	estanna	إستنّى
weinen (vi)	baka	بكى
wissen (vt)	ʿeref	عرف
Witz machen	hazzar	هزّر
wollen (vt)	ʿāyez	عايز
zahlen (vt)	dafaʿ	دفع
zeigen (jemandem etwas)	warra	ورّى
zu Abend essen	etʿasʃa	إتعشّى
zu Mittag essen	etɣadda	إتغدّى
zubereiten (vt)	ḥaḍḍar	حضّر
zustimmen (vi)	ettafaʾ	إتّفق
zweifeln (vi)	ʃakk fe	شكّ في

ZEIT. KALENDER

T&P Books Publishing

17. Wochentage

Montag (m)	el etneyn (m)	الإتنين
Dienstag (m)	el talāt (m)	التلات
Mittwoch (m)	el arbe'ā' (m)	الأربعاء
Donnerstag (m)	el χamīs (m)	الخميس
Freitag (m)	el gom'a (m)	الجمعة
Samstag (m)	el sabt (m)	السبت
Sonntag (m)	el aḥad (m)	الأحد
heute	el naharda	النهارده
morgen	bokra	بكرة
übermorgen	ba'd bokra (m)	بعد بكرة
gestern	embāreḥ	امبارح
vorgestern	awwel embāreḥ	أوّل امبارح
Tag (m)	yome (m)	يوم
Arbeitstag (m)	yome 'amal (m)	يوم عمل
Feiertag (m)	agāza rasmiya (f)	أجازة رسميّة
freier Tag (m)	yome el agāza (m)	يوم أجازة
Wochenende (n)	nehāyet el osbū' (f)	نهاية الأسبوع
den ganzen Tag	ṭūl el yome	طول اليوم
am nächsten Tag	fel yome elly ba'dīh	في اليوم اللي بعديه
zwei Tage vorher	men yomeyn	من يومين
am Vortag	fel yome elly 'ablo	في اليوم اللي قبله
täglich (Adj)	yawmy	يومي
täglich (Adv)	yawmiyan	يومياً
Woche (f)	osbū' (m)	أسبوع
letzte Woche	el esbū' elly fāt	الأسبوع اللي فات
nächste Woche	el esbū' elly gayī	الأسبوع اللي جاي
wöchentlich (Adj)	osbū'y	أسبوعي
wöchentlich (Adv)	osbū'iyan	أسبوعياً
zweimal pro Woche	marreteyn fel osbū'	مرّتين في الأسبوع
jeden Dienstag	koll solasā'	كلّ ثلاثاء

18. Stunden. Tag und Nacht

Morgen (m)	ṣobḥ (m)	صبح
morgens	fel ṣobḥ	في الصبح
Mittag (m)	ẓohr (m)	ظهر
nachmittags	ba'd el ḍohr	بعد الظهر
Abend (m)	leyl (m)	ليل

abends	bel leyl	بالليل
Nacht (f)	leyl (m)	ليل
nachts	bel leyl	بالليل
Mitternacht (f)	noṣṣ el leyl (m)	نصّ الليل
Sekunde (f)	sanya (f)	ثانية
Minute (f)	deʼTa (f)	دقيقة
Stunde (f)	sāʿa (f)	ساعة
eine halbe Stunde	noṣṣ sāʿa (m)	نصّ ساعة
Viertelstunde (f)	robʿ sāʿa (f)	ربع ساعة
fünfzehn Minuten	χamastāʃer deʼTa	خمستاشر دقيقة
Tag und Nacht	arbaʿa we ʿeʃrīn sāʿa	أربعة وعشرين ساعة
Sonnenaufgang (m)	ʃorūʾ el ʃams (m)	شروق الشمس
Morgendämmerung (f)	fagr (m)	فجر
früher Morgen (m)	ṣobḥ badry (m)	صبح بدري
Sonnenuntergang (m)	ɣorūb el ʃams (m)	غروب الشمس
früh am Morgen	el ṣobḥ badry	الصبح بدري
heute Morgen	el naharda el ṣobḥ	النهاردة الصبح
morgen früh	bokra el ṣobḥ	بكرة الصبح
heute Mittag	el naharda baʿd el ḍohr	النهاردة بعد الظهر
nachmittags	baʿd el ḍohr	بعد الظهر
morgen Nachmittag	bokra baʿd el ḍohr	بكرة بعد الظهر
heute Abend	el naharda bel leyl	النهاردة بالليل
morgen Abend	bokra bel leyl	بكرة بالليل
Punkt drei Uhr	es sāʿa talāta bel ḍabṭ	الساعة تلاتة بالضبط
gegen vier Uhr	es sāʿa arbaʿa taʾrīban	الساعة أربعة تقريبا
um zwölf Uhr	ḥatt es sāʿa etnāʃar	حتى الساعة إتناشر
in zwanzig Minuten	fe χelāl ʿeʃrīn deʿeeʿa	في خلال عشرين دقيقة
in einer Stunde	fe χelāl sāʿa	في خلال ساعة
rechtzeitig (Adv)	fe mawʿedo	في موعده
Viertel vor ...	ella robʿ	إلّا ربع
innerhalb einer Stunde	χelāl sāʿa	خلال ساعة
alle fünfzehn Minuten	koll robʿ sāʿa	كلّ ربع ساعة
Tag und Nacht	leyl nahār	ليل نهار

19. Monate. Jahreszeiten

Januar (m)	yanāyer (m)	يناير
Februar (m)	febrāyer (m)	فبراير
März (m)	māres (m)	مارس
April (m)	ebrīl (m)	إبريل
Mai (m)	māyo (m)	مايو
Juni (m)	yonyo (m)	يونيو
Juli (m)	yolyo (m)	يوليو

August (m)	oɣosṭos (m)	أغسطس
September (m)	sebtamber (m)	سبتمبر
Oktober (m)	oktober (m)	أكتوبر
November (m)	november (m)	نوفمبر
Dezember (m)	desember (m)	ديسمبر
Frühling (m)	rabeeʿ (m)	ربيع
im Frühling	fel rabeeʿ	في الربيع
Frühlings-	rabeeʿy	ربيعي
Sommer (m)	ṣeyf (m)	صيف
im Sommer	fel ṣeyf	في الصيف
Sommer-	ṣeyfy	صيفي
Herbst (m)	χarīf (m)	خريف
im Herbst	fel χarīf	في الخريف
Herbst-	χarīfy	خريفي
Winter (m)	ʃetāʾ (m)	شتاء
im Winter	fel ʃetāʾ	في الشتاء
Winter-	ʃetwy	شتوي
Monat (m)	ʃahr (m)	شهر
in diesem Monat	fel ʃahr da	في الشهر ده
nächsten Monat	el ʃahr el gayī	الشهر الجايّ
letzten Monat	el ʃahr elly fāt	الشهر اللي فات
vor einem Monat	men ʃahr	من شهر
über eine Monat	baʿd ʃahr	بعد شهر
in zwei Monaten	baʿd ʃahreyn	بعد شهرين
den ganzen Monat	ṭawāl el ʃahr	طوال الشهر
monatlich (Adj)	ʃahry	شهري
monatlich (Adv)	ʃahry	شهري
jeden Monat	koll ʃahr	كلّ شهر
zweimal pro Monat	marreteyn fel ʃahr	مرّتين في الشهر
Jahr (n)	sana (f)	سنة
dieses Jahr	el sana di	السنة دي
nächstes Jahr	el sana el gaya	السنة الجايّة
voriges Jahr	el sana elly fātet	السنة اللي فاتت
vor einem Jahr	men sana	من سنة
in einem Jahr	baʿd sana	بعد سنة
in zwei Jahren	baʿd sanateyn	بعد سنتين
das ganze Jahr	ṭūl el sana	طول السنة
jedes Jahr	koll sana	كلّ سنة
jährlich (Adj)	sanawy	سنوي
jährlich (Adv)	koll sana	كلّ سنة
viermal pro Jahr	arbaʿ marrāt fel sana	أربع مرات في السنة
Datum (heutige ~)	tarīχ (m)	تاريخ

Datum (Geburts-)	tarīχ (m)	تاريخ
Kalender (m)	natīga (f)	نتيجة
ein halbes Jahr	noṣṣ sana	نصّ سنة
Halbjahr (n)	settet aʃ-hor (f)	ستّة أشهر
Saison (f)	faṣl (m)	فصل
Jahrhundert (n)	qarn (m)	قرن

REISEN. HOTEL

T&P Books Publishing

20. Ausflug. Reisen

Tourismus (m)	seyāḥa (f)	سياحة
Tourist (m)	sā'eḥ (m)	سائح
Reise (f)	reḥla (f)	رحلة
Abenteuer (n)	moɣamra (f)	مغامرة
Fahrt (f)	reḥla (f)	رحلة
Urlaub (m)	agāza (f)	أجازة
auf Urlaub sein	kān fi agāza	كان في أجازة
Erholung (f)	estrāḥa (f)	إستراحة
Zug (m)	qeṭār, 'aṭṭr (m)	قطار
mit dem Zug	bel qeṭār - bel aṭṭr	بالقطار
Flugzeug (n)	ṭayāra (f)	طيّارة
mit dem Flugzeug	bel ṭayāra	بالطيّارة
mit dem Auto	bel sayāra	بالسيّارة
mit dem Schiff	bel safīna	بالسفينة
Gepäck (n)	el ʃonaṭ (pl)	الشنط
Koffer (m)	ʃanṭa (f)	شنطة
Gepäckwagen (m)	'arabet ʃonaṭ (f)	عربة شنط
Pass (m)	basbore (m)	باسبور
Visum (n)	ta'ʃīra (f)	تأشيرة
Fahrkarte (f)	tazkara (f)	تذكرة
Flugticket (n)	tazkara ṭayarān (f)	تذكرة طيران
Reiseführer (m)	dalīl (m)	دليل
Landkarte (f)	χarīṭa (f)	خريطة
Gegend (f)	mante'a (f)	منطقة
Ort (wunderbarer ~)	makān (m)	مكان
Exotika (pl)	ɣarāba (f)	غرابة
exotisch	ɣarīb	غريب
erstaunlich (Adj)	mod-heʃ	مدهش
Gruppe (f)	magmū'a (f)	مجموعة
Ausflug (m)	gawla (f)	جولة
Reiseleiter (m)	morʃed (m)	مرشد

21. Hotel

Hotel (n)	fondo' (m)	فندق
Motel (n)	motel (m)	موتيل

drei Sterne	talat nogūm	ثلاث نجوم
fünf Sterne	χamas nogūm	خمس نجوم
absteigen (vi)	nezel	نزل
Hotelzimmer (n)	oḍa (f)	أوضة
Einzelzimmer (n)	owḍa le ʃaχṣ wāḥed (f)	أوضة لشخص واحد
Zweibettzimmer (n)	oḍa le ʃaχṣeyn (f)	أوضة لشخصين
reservieren (vt)	ḥagaz owḍa	حجز أوضة
Halbpension (f)	wagbeteyn fel yome (du)	وجبتين في اليوم
Vollpension (f)	talat wagabāt fel yome	ثلاث وجبات في اليوم
mit Bad	bel banyo	بـ البانيو
mit Dusche	bel doʃ	بالدوش
Satellitenfernsehen (n)	televizion be qanawāt faḍā'iya (m)	تليفزيون بقنوات فضائية
Klimaanlage (f)	takyīf (m)	تكييف
Handtuch (n)	fūṭa (f)	فوطة
Schlüssel (m)	meftāḥ (m)	مفتاح
Verwalter (m)	modīr (m)	مدير
Zimmermädchen (n)	ʿāmela tandīf ɣoraf (f)	عاملة تنظيف غرف
Träger (m)	ʃayāl (m)	شيّال
Portier (m)	bawwāb (m)	بوّاب
Restaurant (n)	maṭʿam (m)	مطعم
Bar (f)	bār (m)	بار
Frühstück (n)	foṭūr (m)	فطور
Abendessen (n)	ʿaʃā' (m)	عشاء
Buffet (n)	bofeyh (m)	بوفيه
Foyer (n)	rad-ha (f)	ردهة
Aufzug (m), Fahrstuhl (m)	asanseyr (m)	اسانسير
BITTE NICHT STÖREN!	nargu ʿadam el ezʿāg	نرجو عدم الإزعاج
RAUCHEN VERBOTEN!	mamnūʿ el tadχīn	ممنوع التدخين

22. Sehenswürdigkeiten

Denkmal (n)	temsāl (m)	تمثال
Festung (f)	'alʿa (f)	قلعة
Palast (m)	'aṣr (m)	قصر
Schloss (n)	'alʿa (f)	قلعة
Turm (m)	borg (m)	برج
Mausoleum (n)	ḍarīḥ (m)	ضريح
Architektur (f)	handasa meʿmāriya (f)	هندسة معمارية
mittelalterlich	men el qorūn el wosṭa	من القرون الوسطى
alt (antik)	ʿatīq	عتيق
national	waṭany	وطني

berühmt	maʃ-hūr	مشهور
Tourist (m)	sā'eḥ (m)	سائح
Fremdenführer (m)	morʃed (m)	مرشد
Ausflug (m)	gawla (f)	جولة
zeigen (vt)	warra	ورّى
erzählen (vt)	'āl	قال
finden (vt)	la'a	لقى
sich verlieren	ḍā'	ضاع
Karte (U-Bahn ~)	χarīṭa (f)	خريطة
Karte (Stadt-)	χarīṭa (f)	خريطة
Souvenir (n)	tezkār (m)	تذكار
Souvenirladen (m)	maḥal hadāya (m)	محل هدايا
fotografieren (vt)	ṣawwar	صوّر
sich fotografieren	etṣawwar	إتصوّر

TRANSPORT

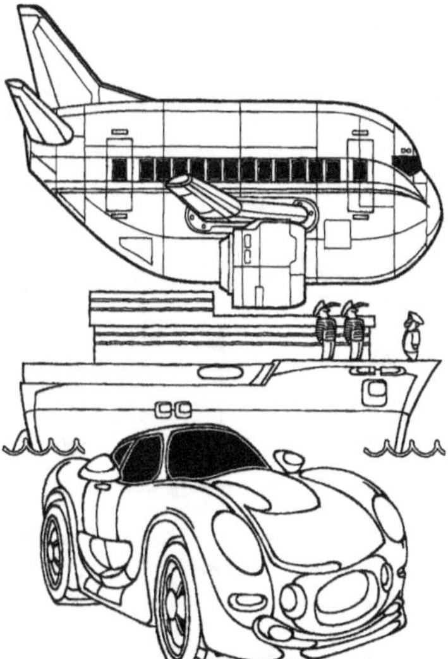

T&P Books Publishing

23. Flughafen

Flughafen (m)	maṭār (m)	مطار
Flugzeug (n)	ṭayāra (f)	طيّارة
Fluggesellschaft (f)	ʃerket ṭayarān (f)	شركة طيران
Fluglotse (m)	marākeb el ḥaraka el gawiya (m)	مراكب الحركة الجويّة
Abflug (m)	moɣadra (f)	مغادرة
Ankunft (f)	woṣūl (m)	وصول
anfliegen (vi)	weṣel	وصل
Abflugzeit (f)	wa't el moɣadra (m)	وقت المغادرة
Ankunftszeit (f)	wa't el woṣūl (m)	وقت الوصول
sich verspäten	ta'akχar	تأخّر
Abflugverspätung (f)	ta'aχor el reḥla (m)	تأخّر الرحلة
Anzeigetafel (f)	lawḥet el ma'lomāt (f)	لوحة المعلومات
Information (f)	este'lamāt (pl)	إستعلامات
ankündigen (vt)	a'lan	أعلن
Flug (m)	reḥlet ṭayarān (f)	رحلة طيران
Zollamt (n)	gamārek (pl)	جمارك
Zollbeamter (m)	mowazzaf el gamārek (m)	موظّف الجمارك
Zolldeklaration (f)	taṣrīḥ gomroky (m)	تصريح جمركي
ausfüllen (vt)	mala	ملا
die Zollerklärung ausfüllen	mala el taṣrīḥ	ملأ التصريح
Passkontrolle (f)	taftīʃ el gawazāt (m)	تفتيش الجوازات
Gepäck (n)	el ʃonaṭ (pl)	الشنط
Handgepäck (n)	ʃonaṭ el yad (pl)	شنط اليد
Kofferkuli (m)	'arabet ʃonaṭ (f)	عربة شنط
Landung (f)	hobūṭ (m)	هبوط
Landebahn (f)	mamarr el hobūṭ (m)	ممرّ الهبوط
landen (vi)	habaṭ	هبط
Fluggasttreppe (f)	sellem el ṭayāra (m)	سلّم الطيّارة
Check-in (n)	tasgīl (m)	تسجيل
Check-in-Schalter (m)	makān tasgīl (m)	مكان تسجيل
sich registrieren lassen	saggel	سجّل
Bordkarte (f)	beṭāqet el rokūb (f)	بطاقة الركوب
Abfluggate (n)	bawwābet el moɣadra (f)	بوّابة المغادرة
Transit (m)	tranzīt (m)	ترانزيت

warten (vi)	estanna	إستنّى
Wartesaal (m)	ṣālet el moɣadra (f)	صالة المغادرة
begleiten (vt)	wadda'	ودّع
sich verabschieden	wadda'	ودّع

24. Flugzeug

Flugzeug (n)	ṭayāra (f)	طيّارة
Flugticket (n)	tazkara ṭayarān (f)	تذكرة طيران
Fluggesellschaft (f)	ʃerket ṭayarān (f)	شركة طيران
Flughafen (m)	maṭār (m)	مطار
Überschall-	χāreq lel ṣote	خارق للصوت
Flugkapitän (m)	kabten (m)	كابتن
Besatzung (f)	ṭa'm (m)	طقم
Pilot (m)	ṭayār (m)	طيّار
Flugbegleiterin (f)	moḍīfet ṭayarān (f)	مضيفة طيران
Steuermann (m)	mallāḥ (m)	ملاّح
Flügel (pl)	agneḥa (pl)	أجنحة
Schwanz (m)	deyl (m)	ذيل
Kabine (f)	kabīna (f)	كابينة
Motor (m)	motore (m)	موتور
Fahrgestell (n)	'agalāt el hobūṭ (pl)	عجلات الهبوط
Turbine (f)	torbīna (f)	توربينة
Propeller (m)	marwaḥa (f)	مروّحة
Flugschreiber (m)	mosaggel el ṭayarān (m)	مسجّل الطيران
Steuerrad (n)	moqawwed el ṭayāra (m)	مقوّد الطيّارة
Treibstoff (m)	woqūd (m)	وقود
Sicherheitskarte (f)	beṭā'et el salāma (f)	بطاقة السلامة
Sauerstoffmaske (f)	mask el oksyʒīn (m)	ماسك الاوكسيجين
Uniform (f)	zayī muwaḥḥad (m)	زيّ موحّد
Rettungsweste (f)	sotret nagah (f)	سترة نجاة
Fallschirm (m)	baraʃot (m)	باراشوت
Abflug, Start (m)	eqlā' (m)	إقلاع
starten (vi)	aqla'et	أقلعت
Startbahn (f)	modarrag el ṭa'erāṭ (m)	مدرّج الطائرات
Sicht (f)	ro'ya (f)	رؤية
Flug (m)	ṭayarān (m)	طيران
Höhe (f)	ertefā' (m)	إرتفاع
Luftloch (n)	geyb hawā'y (m)	جيب هوائي
Platz (m)	meq'ad (m)	مقعد
Kopfhörer (m)	samma'āt ra'siya (pl)	سمّاعات رأسية
Klapptisch (m)	ṣeniya qabela lel ṭayī (f)	صينية قابلة للطيّ
Bullauge (n)	ʃebbāk el ṭayāra (m)	شبّاك الطيّارة
Durchgang (m)	mamarr (m)	ممرّ

25. Zug

Zug (m)	qeṭār, ʾaṭṭr (m)	قطار
elektrischer Zug (m)	qeṭār rokkāb (m)	قطار ركّاب
Schnellzug (m)	qeṭār saree' (m)	قطار سريع
Diesellok (f)	qāṭeret dīzel (f)	قاطرة ديزل
Dampflok (f)	qāṭera boχariya (f)	قاطرة بخاريّة
Personenwagen (m)	'araba (f)	عربة
Speisewagen (m)	'arabet el ṭa'ām (f)	عربة الطعام
Schienen (pl)	qoḍbān (pl)	قضبان
Eisenbahn (f)	sekka ḥadīdiya (f)	سكّة حديديّة
Bahnschwelle (f)	'āreḍa sekket ḥadīd (f)	عارضة سكّة الحديد
Bahnsteig (m)	raṣīf (m)	رصيف
Gleis (n)	χaṭṭ (m)	خطّ
Eisenbahnsignal (n)	semafore (m)	سيمافور
Station (f)	maḥaṭṭa (f)	محطّة
Lokomotivführer (m)	sawwāʾ (m)	سوّاق
Träger (m)	ʃayāl (m)	شيّال
Schaffner (m)	masʾūl 'arabet el qeṭār (m)	مسؤول عربة القطار
Fahrgast (m)	rākeb (m)	راكب
Fahrkartenkontrolleur (m)	kamsary (m)	كمسري
Flur (m)	mamarr (m)	ممرّ
Notbremse (f)	farāmel el ṭawāreʾ (pl)	فرامل الطوارئ
Abteil (n)	ɣorfa (f)	غرفة
Liegeplatz (m), Schlafkoje (f)	serīr (m)	سرير
oberer Liegeplatz (m)	serīr 'olwy (m)	سرير علوّي
unterer Liegeplatz (m)	serīr sofly (m)	سرير سفلي
Bettwäsche (f)	aɣṭeyet el serīr (pl)	أغطيّة السرير
Fahrkarte (f)	tazkara (f)	تذكرة
Fahrplan (m)	gadwal (m)	جدوّل
Anzeigetafel (f)	lawḥet ma'lomāt (f)	لوحة معلومات
abfahren (der Zug)	ɣādar	غادر
Abfahrt (f)	moɣadra (f)	مغادرة
ankommen (der Zug)	weṣel	وصل
Ankunft (f)	woṣūl (m)	وصول
mit dem Zug kommen	weṣel bel qeṭār	وصل بالقطار
in den Zug einsteigen	rekeb el qeṭār	ركب القطار
aus dem Zug aussteigen	nezel men el qeṭār	نزل من القطار
Zugunglück (n)	ḥeṭām qeṭār (m)	حطام قطار
entgleisen (vi)	χarag 'an χaṭṭ sīru	خرج عن خطّ سيره
Dampflok (f)	qāṭera boχariya (f)	قاطرة بخاريّة

Heizer (m)	ʿatʃagy (m)	عطشجي
Feuerbüchse (f)	forn el moḥarrek (m)	فرن المحرّك
Kohle (f)	faḥm (m)	فحم

26. Schiff

Schiff (n)	safīna (f)	سفينة
Fahrzeug (n)	safīna (f)	سفينة
Dampfer (m)	baχera (f)	باخرة
Motorschiff (n)	baχera nahriya (f)	باخرة نهرية
Kreuzfahrtschiff (n)	safīna seyaḥiya (f)	سفينة سياحيّة
Kreuzer (m)	ṭarrād safīna baḥariya (m)	طرّاد سفينة بحريّة
Jacht (f)	yaχt (m)	يخت
Schlepper (m)	qāṭera baḥariya (f)	قاطرة بحريّة
Lastkahn (m)	ṣandal (m)	صندل
Fähre (f)	ʿabbāra (f)	عبّارة
Segelschiff (n)	safīna ʃeraʿiya (m)	سفينة شراعيّة
Brigantine (f)	markeb ʃerāʿy (m)	مركب شراعي
Eisbrecher (m)	moḥaṯṯemet galīd (f)	محطّمة جليد
U-Boot (n)	ɣawwāṣa (f)	غوّاصة
Boot (n)	markeb (m)	مركب
Dingi (n), Beiboot (n)	zawraʾ (m)	زورق
Rettungsboot (n)	qāreb nagah (m)	قارب نجاة
Motorboot (n)	lunʃ (m)	لنش
Kapitän (m)	ʾobṭān (m)	قبطان
Matrose (m)	baḥḥār (m)	بحّار
Seemann (m)	baḥḥār (m)	بحّار
Besatzung (f)	ṭāqem (m)	طاقم
Bootsmann (m)	rabbān (m)	ربّان
Schiffsjunge (m)	ṣaby el safīna (m)	صبي السفينة
Schiffskoch (m)	ṭabbāχ (m)	طبّاخ
Schiffsarzt (m)	ṭabīb el safīna (m)	طبيب السفينة
Deck (n)	saṭ-ḥ el safīna (m)	سطح السفينة
Mast (m)	sāreya (f)	سارية
Segel (n)	ʃerāʿ (m)	شراع
Schiffsraum (m)	ʿanbar (m)	عنبر
Bug (m)	moʾaddema (m)	مقدّمة
Heck (n)	moʾaχeret el safīna (f)	مؤخّرة السفينة
Ruder (n)	megdāf (m)	مجذاف
Schraube (f)	marwaḥa (f)	مروحة
Kajüte (f)	kabīna (f)	كابينة

Messe (f)	ɣorfet el ṭaʿām wel rāḥa (f)	غرفة الطعام والراحة
Maschinenraum (m)	qesm el ʾālāt (m)	قسم الآلات
Kommandobrücke (f)	borg el qeyāda (m)	برج القيادة
Funkraum (m)	ɣorfet el lāselky (f)	غرفة اللاسلكي
Radiowelle (f)	mouga (f)	موجة
Schiffstagebuch (n)	segel el safīna (m)	سجل السفينة
Fernrohr (n)	monzār (m)	منظار
Glocke (f)	garas (m)	جرس
Fahne (f)	ʿalam (m)	علم
Seil (n)	ḥabl (m)	حبل
Knoten (m)	ʿoʾda (f)	عقدة
Geländer (n)	drabzīn saṭ-ḥ el safīna (m)	درابزين سطح السفينة
Treppe (f)	sellem (m)	سلّم
Anker (m)	marsāh (f)	مرساة
den Anker lichten	rafaʿ morsah	رفع مرساة
Anker werfen	rasa	رسا
Ankerkette (f)	selselet morsah (f)	سلسلة مرساة
Hafen (m)	minā' (m)	ميناء
Anlegestelle (f)	marsa (m)	مرسى
anlegen (vi)	rasa	رسا
abstoßen (vt)	aqlaʿ	أقلع
Reise (f)	reḥla (f)	رحلة
Kreuzfahrt (f)	reḥla baḥariya (f)	رحلة بحريّة
Kurs (m), Richtung (f)	masār (m)	مسار
Reiseroute (f)	ṭarīʾ (m)	طريق
Fahrwasser (n)	magra melāḥy (m)	مجرى ملاحيّ
Untiefe (f)	meyāh ḍaḥla (f)	مياه ضحلة
stranden (vi)	ganaḥ	جنح
Sturm (m)	ʿāṣefa (f)	عاصفة
Signal (n)	eʃara (f)	إشارة
untergehen (vi)	ɣereʾ	غرق
Mann über Bord!	saʾaṭ rāgil min el sefīna!	سقط راجل من السفينة!
SOS	nedāʾ eɣāsa (m)	نداء إغاثة
Rettungsring (m)	ṭoʾe nagah (m)	طوق نجاة

STADT

T&P Books Publishing

27. Innerstädtischer Transport

Bus (m)	buṣ (m)	باص
Straßenbahn (f)	trām (m)	ترام
Obus (m)	trolly buṣ (m)	ترولي باص
Linie (f)	χaṭṭ (m)	خطّ
Nummer (f)	raqam (m)	رقم
mit … fahren	rāḥ be …	راح بـ ...
einsteigen (vi)	rekeb	ركب
aussteigen (aus dem Bus)	nezel men	نزل من
Haltestelle (f)	maw'af (m)	موّقف
nächste Haltestelle (f)	el maḥaṭṭa el gaya (f)	المحطة الجايّة
Endhaltestelle (f)	'āχer maw'af (m)	آخر موقف
Fahrplan (m)	gadwal (m)	جدوّل
warten (vi, vt)	estanna	إستنّى
Fahrkarte (f)	tazkara (f)	تذكرة
Fahrpreis (m)	ogra (f)	أجرة
Kassierer (m)	kaʃier (m)	كاشيير
Fahrkartenkontrolle (f)	taftīʃ el tazāker (m)	تفتيش التذاكر
Fahrkartenkontrolleur (m)	mofatteʃ tazāker (m)	مفتّش تذاكر
sich verspäten	met'akχer	متأخّر
versäumen (Zug usw.)	ta'akχar	تأخّر
sich beeilen	mesta'gel	مستعجل
Taxi (n)	taksi (m)	تاكسي
Taxifahrer (m)	sawwā' taksi (m)	سوّاق تاكسي
mit dem Taxi	bel taksi	بالتاكسي
Taxistand (m)	maw'ef taksi (m)	موّقف تاكسي
ein Taxi rufen	kallem taksi	كلّم تاكسي
ein Taxi nehmen	aχad taksi	أخد تاكسي
Straßenverkehr (m)	ḥaraket el morūr (f)	حركة المرور
Stau (m)	zaḥmet el morūr (f)	زحمة المرور
Hauptverkehrszeit (f)	sā'et el zorwa (f)	ساعة الذروة
parken (vi)	rakan	ركن
parken (vt)	rakan	ركن
Parkplatz (m)	maw'ef el 'arabeyāt (m)	موقف العربيات
U-Bahn (f)	metro (m)	مترو
Station (f)	maḥaṭṭa (f)	محطّة
mit der U-Bahn fahren	aχad el metro	أخد المترو

Zug (m)	qeṭār, ʾaṭṭr (m)	قطار
Bahnhof (m)	maḥaṭṭet qeṭār (f)	محطّة قطار

28. Stadt. Leben in der Stadt

Stadt (f)	madīna (f)	مدينة
Hauptstadt (f)	ʿāṣema (f)	عاصمة
Dorf (n)	qarya (f)	قرية
Stadtplan (m)	χarīṭet el madinah (f)	خريطة المدينة
Stadtzentrum (n)	wesṭ el balad (m)	وسط البلد
Vorort (m)	ḍāḥeya (f)	ضاحية
Vorort-	el ḍawāḥy	الضواحي
Stadtrand (m)	aṭrāf el madīna (pl)	أطراف المدينة
Umgebung (f)	ḍawāḥy el madīna (pl)	ضواحي المدينة
Stadtviertel (n)	ḥayī (m)	حي
Wohnblock (m)	ḥayī sakany (m)	حي سكني
Straßenverkehr (m)	ḥaraket el morūr (f)	حركة المرور
Ampel (f)	eʃārāt el morūr (pl)	إشارات المرور
Stadtverkehr (m)	wasāʾel el naʾl (pl)	وسائل النقل
Straßenkreuzung (f)	taqāṭoʿ (m)	تقاطع
Übergang (m)	maʿbar (m)	معبر
Fußgängerunterführung (f)	nafaʾ moʃāh (m)	نفق مشاه
überqueren (vt)	ʿabar	عبر
Fußgänger (m)	māʃy (m)	ماشي
Gehweg (m)	raṣīf (m)	رصيف
Brücke (f)	kobry (m)	كبري
Kai (m)	korneyʃ (m)	كورنيش
Springbrunnen (m)	nafūra (f)	نافورة
Allee (f)	mamʃa (m)	ممشى
Park (m)	ḥadīqa (f)	حديقة
Boulevard (m)	bolvār (m)	بولفار
Platz (m)	medān (m)	ميدان
Avenue (f)	ʃāreʿ (m)	شارع
Straße (f)	ʃāreʿ (m)	شارع
Gasse (f)	zoʾāʾ (m)	زقاق
Sackgasse (f)	ṭarīʾ masdūd (m)	طريق مسدود
Haus (n)	beyt (m)	بيت
Gebäude (n)	mabna (m)	مبنى
Wolkenkratzer (m)	nāṭeḥet sahāb (f)	ناطحة سحاب
Fassade (f)	waɣa (f)	واجهة
Dach (n)	saʾf (m)	سقف
Fenster (n)	ʃebbāk (m)	شبّاك

Bogen (m)	qose (m)	قوس
Säule (f)	ʿamūd (m)	عمود
Ecke (f)	zawya (f)	زاوية
Schaufenster (n)	vatrīna (f)	فترينة
Firmenschild (n)	yafṭa, lāfeta (f)	لافتة, يافطة
Anschlag (m)	boster (m)	بوستر
Werbeposter (m)	boster eʿlān (m)	بوستر إعلان
Werbeschild (n)	lawḥet eʿlanāt (f)	لوحة إعلانات
Müll (m)	zebāla (f)	زبالة
Mülleimer (m)	ṣandūʾ zebāla (m)	صندوق زبالة
Abfall wegwerfen	rama zebāla	رمى زبالة
Mülldeponie (f)	mazbala (f)	مزبلة
Telefonzelle (f)	koʃk telefōn (m)	كشك تليفون
Straßenlaterne (f)	ʿamūd nūr (m)	عمود نور
Bank (Park-)	korsy (m)	كرسي
Polizist (m)	ʃorṭy (m)	شرطي
Polizei (f)	ʃorṭa (f)	شرطة
Bettler (m)	ʃaḥḥāt (m)	شحّات
Obdachlose (m)	motaʃarred (m)	متشرّد

29. Innerstädtische Einrichtungen

Laden (m)	maḥal (m)	محل
Apotheke (f)	ṣaydaliya (f)	صيدليّة
Optik (f)	maḥal naḍḍārāt (m)	محل نضّارات
Einkaufszentrum (n)	mole (m)	مول
Supermarkt (m)	subermarket (m)	سوبرماركت
Bäckerei (f)	maχbaz (m)	مخبز
Bäcker (m)	χabbāz (m)	خبّاز
Konditorei (f)	ḥalawāny (m)	حلواني
Lebensmittelladen (m)	baʾʾāla (f)	بقّالة
Metzgerei (f)	gezāra (f)	جزارة
Gemüseladen (m)	dokkān χoḍār (m)	دكّان خضار
Markt (m)	sūʾ (f)	سوق
Kaffeehaus (n)	ʾahwa (f), kaféih (m)	قهوة, كافيه
Restaurant (n)	maṭʿam (m)	مطعم
Bierstube (f)	bār (m)	بار
Pizzeria (f)	maḥal pizza (m)	محل بيتزا
Friseursalon (m)	ṣalone ḥelāʾa (m)	صالون حلاقة
Post (f)	maktab el barīd (m)	مكتب البريد
chemische Reinigung (f)	dray klīn (m)	دراي كلين
Fotostudio (n)	estudio taṣwīr (m)	إستوديو تصوير

Schuhgeschäft (n)	maḥal gezam (m)	محل جزم
Buchhandlung (f)	maḥal kotob (m)	محل كتب
Sportgeschäft (n)	maḥal mostalzamāt reyaḍiya (m)	محل مستلزمات رياضية
Kleiderreparatur (f)	maḥal χeyāṭet malābes (m)	محل خياطة ملابس
Bekleidungsverleih (m)	ta'gīr malābes rasmiya (m)	تأجير ملابس رسمية
Videothek (f)	maḥal ta'gīr video (m)	محل تأجير فيديو
Zirkus (m)	serk (m)	سيرك
Zoo (m)	ḥadīqet el ḥayawān (f)	حديقة حيوان
Kino (n)	sinema (f)	سينما
Museum (n)	mat-ḥaf (m)	متحف
Bibliothek (f)	maktaba (f)	مكتبة
Theater (n)	masraḥ (m)	مسرح
Opernhaus (n)	obra (f)	أوبرا
Nachtklub (m)	malha leyly (m)	ملهى ليّلي
Kasino (n)	kazino (m)	كازينو
Moschee (f)	masged (m)	مسجد
Synagoge (f)	kenīs (m)	كنيس
Kathedrale (f)	katedra'iya (f)	كاتدرائية
Tempel (m)	ma'bad (m)	معبد
Kirche (f)	kenīsa (f)	كنيسة
Institut (n)	kolliya (m)	كليّة
Universität (f)	gam'a (f)	جامعة
Schule (f)	madrasa (f)	مدرسة
Präfektur (f)	moqaṭ'a (f)	مقاطعة
Rathaus (n)	baladiya (f)	بلديّة
Hotel (n)	fondo' (m)	فندق
Bank (f)	bank (m)	بنك
Botschaft (f)	safāra (f)	سفارة
Reisebüro (n)	ʃerket seyāḥa (f)	شركة سياحة
Informationsbüro (n)	maktab el este'lāmāt (m)	مكتب الإستعلامات
Wechselstube (f)	ṣarrāfa (f)	صرّافة
U-Bahn (f)	metro (m)	مترو
Krankenhaus (n)	mostaʃfa (m)	مستشفى
Tankstelle (f)	maḥaṭṭet banzīn (f)	محطّة بنزين
Parkplatz (m)	maw'ef el 'arabeyāt (m)	موقف العربيات

30. Schilder

Firmenschild (n)	yafṭa, lāfeta (f)	لافتة, يافطة
Aufschrift (f)	bayān (m)	بيان

Plakat (n)	boster (m)	بوستر
Wegweiser (m)	ʿalāmet (f)	علامة إتجاه
Pfeil (m)	ʿalāmet eʃāra (f)	علامة إشارة
Vorsicht (f)	taḥzīr (m)	تحذير
Warnung (f)	lāfetat taḥzīr (f)	لافتة تحذير
warnen (vt)	ḥazzar	حذّر
freier Tag (m)	yome ʿoṭla (m)	يوم عطلة
Fahrplan (m)	gadwal (m)	جدوّل
Öffnungszeiten (pl)	aw'āt el ʿamal (pl)	أوقات العمل
HERZLICH WILLKOMMEN!	ahlan w sahlan!	!أهلاً وسهلا
EINGANG	doχūl	دخول
AUSGANG	χorūg	خروج
DRÜCKEN	edfaʿ	إدفع
ZIEHEN	es-ḥab	إسحب
GEÖFFNET	maftūḥ	مفتوح
GESCHLOSSEN	moɣlaq	مغلق
DAMEN, FRAUEN	lel sayedāt	للسيدات
HERREN, MÄNNER	lel regāl	للرجال
AUSVERKAUF	χoṣomāt	خصومات
REDUZIERT	taχfeḍāt	تخفيضات
NEU!	gedīd!	!جديد
GRATIS	maggānan	مجّاناً
ACHTUNG!	entebāh!	!إنتباه
ZIMMER BELEGT	koll el amāken maḥgūza	كلّ الأماكن محجوزة
RESERVIERT	maḥgūz	محجوز
VERWALTUNG	edāra	إدارة
NUR FÜR PERSONAL	lel ʿamelīn faqaṭ	للعاملين فقط
VORSICHT BISSIGER HUND	eḥzar wogūd kalb	إحذر وجود الكلب
RAUCHEN VERBOTEN!	mamnūʿ el tadχīn	ممنوع التدخين
BITTE NICHT BERÜHREN	ʿadam el lams	عدم اللمس
GEFÄHRLICH	χaṭīr	خطير
VORSICHT!	χaṭar	خطر
HOCHSPANNUNG	tayār ʿāly	تيّار عالي
BADEN VERBOTEN	el sebāḥa mamnūʿa	السباحة ممنوعة
AUßER BETRIEB	moʿaṭṭal	معطّل
LEICHTENTZÜNDLICH	sareeʿ el eʃteʿāl	سريع الإشتعال
VERBOTEN	mamnūʿ	ممنوع
DURCHGANG VERBOTEN	mamnūʿ el morūr	ممنوع المرور
FRISCH GESTRICHEN	eḥzar ṭelā' ɣayr gāf	احذر طلاء غير جاف

31. Shopping

kaufen (vt)	eʃtara	إشترى
Einkauf (m)	ḥāga (f)	حاجة
einkaufen gehen	eʃtara	إشترى
Einkaufen (n)	ʃobbing (m)	شوبينج
offen sein (Laden)	maftūḥ	مفتوح
zu sein	moɣlaq	مغلق
Schuhe (pl)	gezam (pl)	جزم
Kleidung (f)	malābes (pl)	ملابس
Kosmetik (f)	mawād tagmīl (pl)	مواد تجميل
Lebensmittel (pl)	akl (m)	أكل
Geschenk (n)	hediya (f)	هديّة
Verkäufer (m)	bayāʿ (m)	بيّاع
Verkäuferin (f)	bayāʿa (f)	بيّاعة
Kasse (f)	ṣandūʾ el dafʿ (m)	صندوق الدفع
Spiegel (m)	merāya (f)	مراية
Ladentisch (m)	manḍada (f)	منضدة
Umkleidekabine (f)	ɣorfet el ʾeyās (f)	غرفة القياس
anprobieren (vt)	garrab	جرّب
passen (Schuhe, Kleid)	nāseb	ناسب
gefallen (vi)	ʿagab	عجب
Preis (m)	seʿr (m)	سعر
Preisschild (n)	tiket el seʿr (m)	تيكت السعر
kosten (vt)	kallef	كلّف
Wie viel?	bekām?	بكام؟
Rabatt (m)	χaṣm (m)	خصم
preiswert	meʃ ɣāly	مش غالي
billig	reχīṣ	رخيص
teuer	ɣāly	غالي
Das ist teuer	da ɣāly	ده غالي
Verleih (m)	esteʾgār (m)	إستئجار
leihen, mieten (ein Auto usw.)	estʾgar	إستأجر
Kredit (m), Darlehen (n)	eʾtemān (m)	إئتمان
auf Kredit	bel taʾseeṭ	بالتقسيط

KLEIDUNG & ACCESSOIRES

T&P Books Publishing

32. Oberbekleidung. Mäntel

Kleidung (f)	malābes (pl)	ملابس
Oberkleidung (f)	malābes foʾaniya (pl)	ملابس فوقانيّة
Winterkleidung (f)	malābes ʃetwiya (pl)	ملابس شتويّة
Mantel (m)	balṭo (m)	بالطو
Pelzmantel (m)	balṭo farww (m)	بالطو فروّ
Pelzjacke (f)	ʒaket farww (m)	جاكيت فروّ
Daunenjacke (f)	balṭo maḥʃy rīʃ (m)	بالطو محشي ريش
Jacke (z.B. Lederjacke)	ʒæket (m)	جاكيت
Regenmantel (m)	ʒæket lel maṭar (m)	جاكيت للمطر
wasserdicht	wāqy men el maya	واقي من الميّة

33. Herren- & Damenbekleidung

Hemd (n)	ʾamīṣ (m)	قميص
Hose (f)	banṭalone (f)	بنطلون
Jeans (pl)	ʒeans (m)	جينز
Jackett (n)	ʒæket (f)	جاكت
Anzug (m)	badla (f)	بدلة
Damenkleid (n)	fostān (m)	فستان
Rock (m)	ʒība (f)	جيبة
Bluse (f)	bloza (f)	بلوزة
Strickjacke (f)	kardigan (m)	كارديجن
Jacke (Damen Kostüm)	ʒæket (m)	جاكيت
T-Shirt (n)	ti ʃirt (m)	تي شيرت
Shorts (pl)	ʃort (m)	شورت
Sportanzug (m)	treneng (m)	ترينيج
Bademantel (m)	robe el ḥammām (m)	روب حمّام
Schlafanzug (m)	beʒāma (f)	بيجاما
Sweater (m)	blover (f)	بلوفر
Pullover (m)	blover (m)	بلوفر
Weste (f)	vest (m)	فيست
Frack (m)	badlet sahra ṭawīla (f)	بدلة سهرة طويلة
Smoking (m)	badla (f)	بدلة
Uniform (f)	zayī muwaḥḥad (m)	زيّ موحّد
Arbeitskleidung (f)	lebs el ʃoɣl (m)	لبس الشغل

Overall (m)	overall (m)	اوفر اول
Kittel (z.B. Arztkittel)	balṭo (m)	بالطو

34. Kleidung. Unterwäsche

Unterwäsche (f)	malābes dāχeliya (pl)	ملابس داخلية
Herrenslip (m)	sirwāl dāχly rigāly (m)	سروال داخلي رجاليّ
Damenslip (m)	sirwāl dāχly nisā'y (m)	سروال داخلي نسائي
Unterhemd (n)	fanella (f)	فانلّا
Socken (pl)	ʃarāb (m)	شراب
Nachthemd (n)	'amīṣ nome (m)	قميص نوم
Büstenhalter (m)	setyāna (f)	ستيانة
Kniestrümpfe (pl)	ʃarabāt ṭawīla (pl)	شرابات طويلة
Strumpfhose (f)	klone (m)	كلون
Strümpfe (pl)	gawāreb (pl)	جوارب
Badeanzug (m)	mayo (m)	مايّوه

35. Kopfbekleidung

Mütze (f)	ṭa'iya (f)	طاقيّة
Filzhut (m)	borneyṭa (f)	برنيطة
Baseballkappe (f)	base bāl kāb (m)	بيس بول كاب
Schiebermütze (f)	ṭa'iya mosaṭṭaḥa (f)	طاقيّة مسطحة
Baskenmütze (f)	bereyh (m)	بيريه
Kapuze (f)	ɣaṭa' (f)	غطاء
Panamahut (m)	qobba'et banama (f)	قبّعة بناما
Strickmütze (f)	ays kāb (m)	آيس كاب
Kopftuch (n)	eʃarb (m)	إيشارب
Damenhut (m)	borneyṭa (f)	برنيطة
Schutzhelm (m)	χawza (f)	خوذة
Feldmütze (f)	kāb (m)	كاب
Helm (z.B. Motorradhelm)	χawza (f)	خوذة
Melone (f)	qobba'a (f)	قبّعة
Zylinder (m)	qobba'a rasmiya (f)	قبّعة رسمية

36. Schuhwerk

Schuhe (pl)	gezam (pl)	جزم
Stiefeletten (pl)	gazma (f)	جزمة
Halbschuhe (pl)	gazma (f)	جزمة

Stiefel (pl)	būt (m)	بوت
Hausschuhe (pl)	ʃebʃeb (m)	شبشب
Tennisschuhe (pl)	kotʃy tennis (m)	كوتشي تنس
Leinenschuhe (pl)	kotʃy (m)	كوتشي
Sandalen (pl)	ṣandal (pl)	صندل
Schuster (m)	eskāfy (m)	إسكافي
Absatz (m)	kaʿb (m)	كعب
Paar (n)	goze (m)	جوز
Schnürsenkel (m)	ʃerīʾṭ (m)	شريط
schnüren (vt)	rabaṭ	ربط
Schuhlöffel (m)	labbāsa el gazma (f)	لبّاسة الجزمة
Schuhcreme (f)	warnīʃ el gazma (m)	ورنيش الجزمة

37. Persönliche Accessoires

Handschuhe (pl)	gwanty (m)	جوانتي
Fausthandschuhe (pl)	gwanty men ɣeyr aṣābeʿ (m)	جوانتي من غير أصابع
Schal (Kaschmir-)	skarf (m)	سكارف
Brille (f)	naḍḍāra (f)	نظّارة
Brillengestell (n)	eṭār (m)	إطار
Regenschirm (m)	ʃamsiya (f)	شمسيّة
Spazierstock (m)	ʿaṣāya (f)	عصاية
Haarbürste (f)	forʃet ʃaʿr (f)	فرشة شعر
Fächer (m)	marwaḥa (f)	مروّحة
Krawatte (f)	karavetta (f)	كرافتة
Fliege (f)	bebyona (m)	بيبيونة
Hosenträger (pl)	ḥammala (f)	حمّالة
Taschentuch (n)	mandīl (m)	منديل
Kamm (m)	meʃṭ (m)	مشط
Haarspange (f)	dabbūs (m)	دبّوس
Haarnadel (f)	bensa (m)	بنسة
Schnalle (f)	bokla (f)	بكلة
Gürtel (m)	ḥezām (m)	حزام
Umhängegurt (m)	ḥammalet el ketf (f)	حمّالة الكتف
Tasche (f)	ʃanṭa (f)	شنطة
Handtasche (f)	ʃanṭet yad (f)	شنطة يد
Rucksack (m)	ʃanṭet ḍahr (f)	شنطة ظهر

38. Kleidung. Verschiedenes

Mode (f)	mūḍa (f)	موضة
modisch	fel moḍa	في الموضة
Modedesigner (m)	moṣammem azyā' (m)	مصمّم أزياء
Kragen (m)	yā'a (f)	ياقة
Tasche (f)	geyb (m)	جيب
Taschen-	geyb	جيب
Ärmel (m)	komm (m)	كمّ
Aufhänger (m)	'elāqa (f)	علّاقة
Hosenschlitz (m)	lesān (m)	لسان
Reißverschluss (m)	sosta (f)	سوستة
Verschluss (m)	maʃbak (m)	مشبك
Knopf (m)	zerr (m)	زرّ
Knopfloch (n)	'arwa (f)	عروة
abgehen (Knopf usw.)	we'e'	وقع
nähen (vi, vt)	χayaṭ	خيّط
sticken (vt)	ṭarraz	طرّز
Stickerei (f)	taṭrīz (m)	تطريز
Nadel (f)	ebra (f)	إبرة
Faden (m)	χeyṭ (m)	خيط
Naht (f)	derz (m)	درز
sich beschmutzen	ettwassaχ	إتّوسّخ
Fleck (m)	bo''a (f)	بقعة
sich knittern	takarmaʃ	تكرمش
zerreißen (vt)	'aṭa'	قطع
Motte (f)	'etta (f)	عثّة

39. Kosmetikartikel. Kosmetik

Zahnpasta (f)	ma'gūn asnān (m)	معجون أسنان
Zahnbürste (f)	forʃet senān (f)	فرشة أسنان
Zähne putzen	naḍḍaf el asnān	نظّف الأسنان
Rasierer (m)	mūs (m)	موس
Rasiercreme (f)	krīm ḥelā'a (m)	كريم حلاقة
sich rasieren	ḥala'	حلق
Seife (f)	ṣabūn (m)	صابون
Shampoo (n)	ʃambū (m)	شامبو
Schere (f)	ma'aṣ (m)	مقص
Nagelfeile (f)	mabrad (m)	مبرد
Nagelzange (f)	mel'aṭ (m)	ملقط
Pinzette (f)	mel'aṭ (m)	ملقط

Kosmetik (f)	mawād tagmīl (pl)	مواد تجميل
Gesichtsmaske (f)	mask (m)	ماسك
Maniküre (f)	monekīr (m)	مونيكير
Maniküre machen	'amal monikīr	عمل مونيكير
Pediküre (f)	badikīr (m)	باديكير
Kosmetiktasche (f)	ʃanṭet mekyāʒ (f)	شنطة مكياج
Puder (m)	bodret weʃ (f)	بودرة وش
Puderdose (f)	'elbet bodra (f)	علبة بودرة
Rouge (n)	aḥmar χodūd (m)	أحمر خدود
Parfüm (n)	barfān (m)	بارفان
Duftwasser (n)	kolonya (f)	كولونيا
Lotion (f)	loʃion (m)	لوشن
Kölnischwasser (n)	kolonya (f)	كولونيا
Lidschatten (m)	eyeʃadow (m)	ايّ شادو
Kajalstift (m)	koḥl (m)	كحل
Wimperntusche (f)	maskara (f)	ماسكارا
Lippenstift (m)	rūʒ (m)	روج
Nagellack (m)	monekīr (m)	مونيكير
Haarlack (m)	mosabbet el ʃa'r (m)	مثبّت الشعر
Deodorant (n)	mozīl 'ara' (m)	مزيل عرق
Creme (f)	krīm (m)	كريم
Gesichtscreme (f)	krīm lel weʃ (m)	كريم للوش
Handcreme (f)	krīm eyd (m)	كريم أيد
Anti-Falten-Creme (f)	krīm moḍād lel taga'īd (m)	كريم مضاد للتجاعيد
Tagescreme (f)	krīm en nahār (m)	كريم النهار
Nachtcreme (f)	krīm el leyl (m)	كريم الليل
Tages-	nahāry	نهاري
Nacht-	layly	ليّلي
Tampon (m)	tambon (m)	تانبون
Toilettenpapier (n)	wara' twalet (m)	ورق تواليت
Föhn (m)	seʃwār (m)	سشوار

40. Armbanduhren Uhren

Armbanduhr (f)	sā'a (f)	ساعة
Zifferblatt (n)	wag-h el sā'a (m)	وجه الساعة
Zeiger (m)	'a'rab el sā'a (m)	عقرب الساعة
Metallarmband (n)	ʃerī'ṭ sā'a ma'daniya (m)	شريط ساعة معدنية
Uhrenarmband (n)	ʃerī'ṭ el sā'a (m)	شريط الساعة
Batterie (f)	baṭṭariya (f)	بطّاريّة
verbraucht sein	χelṣet	خلصت
die Batterie wechseln	ɣayar el baṭṭariya	غيّر البطّاريّة
vorgehen (vi)	saba'	سبق

nachgehen (vi)	ta'akχar	تأخّر
Wanduhr (f)	sā'et ḥeyṭa (f)	ساعة حيطة
Sanduhr (f)	sā'a ramliya (f)	ساعة رمليّة
Sonnenuhr (f)	sā'a ʃamsiya (f)	ساعة شمسيّة
Wecker (m)	monabbeh (m)	منبّه
Uhrmacher (m)	sa'āty (m)	ساعاتي
reparieren (vt)	ṣallaḥ	صلّح

ALLTAGSERFAHRUNG

T&P Books Publishing

41. Geld

Geld (n)	folūs (pl)	فلوس
Austausch (m)	taḥwīl ʿomla (m)	تحويل عملة
Kurs (m)	seʿr el ṣarf (m)	سعر الصرف
Geldautomat (m)	makinet ṣarrāf ʾāly (f)	ماكينة صرّاف آلي
Münze (f)	ʾerʃ (m)	قرش
Dollar (m)	dolār (m)	دولار
Euro (m)	yoro (m)	يورو
Lira (f)	lira (f)	ليرة
Mark (f)	el mark el almāny (m)	المارك الألماني
Franken (m)	frank (m)	فرنك
Pfund Sterling (n)	geneyh esterlīny (m)	جنيه استرليني
Yen (m)	yen (m)	ين
Schulden (pl)	deyn (m)	دين
Schuldner (m)	modīn (m)	مدين
leihen (vt)	sallef	سلّف
leihen, borgen (Geld usw.)	estalaf	إستلف
Bank (f)	bank (m)	بنك
Konto (n)	ḥesāb (m)	حساب
einzahlen (vt)	awdaʿ	أودع
auf ein Konto einzahlen	awdaʿ fel ḥesāb	أودع في الحساب
abheben (vt)	saḥab men el ḥesāb	سحب من الحساب
Kreditkarte (f)	kredit kard (f)	كريدت كارد
Bargeld (n)	kæʃ (m)	كاش
Scheck (m)	ʃīk (m)	شيك
einen Scheck schreiben	katab ʃīk	كتب شيك
Scheckbuch (n)	daftar ʃikāt (m)	دفتر شيكات
Geldtasche (f)	mahfaza (f)	محفظة
Geldbeutel (m)	maḥfazet fakka (f)	محفظة فكّة
Safe (m)	χazzāna (f)	خزّانة
Erbe (m)	wāres (m)	وارث
Erbschaft (f)	werāsa (f)	وراثة
Vermögen (n)	sarwa (f)	ثروّة
Pacht (f)	ʿaʾd el egār (m)	عقد الإيجار
Miete (f)	ogret el sakan (f)	أجرة السكن
mieten (vt)	estʾgar	إستأجر
Preis (m)	seʿr (m)	سعر

Kosten (pl)	taman (m)	ثمن
Summe (f)	mablaɣ (m)	مبلغ
ausgeben (vt)	ṣaraf	صرف
Ausgaben (pl)	maṣarīf (pl)	مصاريف
sparen (vt)	waffar	وفّر
sparsam	mowaffer	موّفر
zahlen (vt)	dafa'	دفع
Lohn (m)	daf' (m)	دفع
Wechselgeld (n)	el bā'y (m)	الباقي
Steuer (f)	ḍarība (f)	ضريبة
Geldstrafe (f)	ɣarāma (f)	غرامة
bestrafen (vt)	faraḍ ɣarāma	فرض غرامة

42. Post. Postdienst

Post (Postamt)	maktab el barīd (m)	مكتب البريد
Post (Postsendungen)	el barīd (m)	البريد
Briefträger (m)	sā'y el barīd (m)	ساعي البريد
Öffnungszeiten (pl)	aw'āt el 'amal (pl)	أوقات العمل
Brief (m)	resāla (f)	رسالة
Einschreibebrief (m)	resāla mosaggala (f)	رسالة مسجّلة
Postkarte (f)	kart barīdy (m)	كرت بريدي
Telegramm (n)	barqiya (f)	برقيّة
Postpaket (n)	ṭard (m)	طرد
Geldanweisung (f)	ḥewāla māliya (f)	حوالة مالية
bekommen (vt)	estalam	إستلم
abschicken (vt)	arsal	أرسل
Absendung (f)	ersāl (m)	إرسال
Postanschrift (f)	'enwān (m)	عنوان
Postleitzahl (f)	raqam el barīd (m)	رقم البريد
Absender (m)	morsel (m)	مرسل
Empfänger (m)	morsel elayh (m)	مرسل إليه
Vorname (m)	esm (m)	اسم
Nachname (m)	esm el 'a'ela (m)	اسم العائلة
Tarif (m)	ta'rīfa (f)	تعريفة
Standard- (Tarif)	'ādy	عادي
Spar- (-tarif)	mowaffer	موّفر
Gewicht (n)	wazn (m)	وزن
abwiegen (vt)	wazan	وزن
Briefumschlag (m)	ẓarf (m)	ظرف
Briefmarke (f)	ṭābe' (m)	طابع
Briefmarke aufkleben	alṣaq ṭābe'	ألصق طابع

43. Bankgeschäft

Bank (f)	bank (m)	بنك
Filiale (f)	farʿ (m)	فرع
Berater (m)	mowazzaf bank (m)	موظّف بنك
Leiter (m)	modīr (m)	مدير
Konto (n)	ḥesāb bank (m)	حساب بنك
Kontonummer (f)	raqam el ḥesāb (m)	رقم الحساب
Kontokorrent (n)	ḥesāb gāry (m)	حساب جاري
Sparkonto (n)	ḥesāb tawfīr (m)	حساب توّفير
ein Konto eröffnen	fataḥ ḥesāb	فتح حساب
das Konto schließen	ʾafal ḥesāb	قفل حساب
einzahlen (vt)	awdaʿ fel ḥesāb	أودع في الحساب
abheben (vt)	saḥab men el ḥesāb	سحب من الحساب
Einzahlung (f)	wadeeʿa (f)	وديعة
eine Einzahlung machen	awdaʿ	أودع
Überweisung (f)	ḥewāla maṣrefiya (f)	حوالة مصرفيّة
überweisen (vt)	ḥawwel	حوّل
Summe (f)	mablaɣ (m)	مبلغ
Wieviel?	kām?	كام؟
Unterschrift (f)	tawqeeʿ (m)	توقيع
unterschreiben (vt)	waqqaʿ	وقّع
Kreditkarte (f)	kredit kard (f)	كريدت كارد
Code (m)	kōd (m)	كود
Kreditkartennummer (f)	raqam el kredit kard (m)	رقم الكريدت كارد
Geldautomat (m)	makinet ṣarrāf ʾāly (f)	ماكينة صرّاف آلي
Scheck (m)	ʃīk (m)	شيك
einen Scheck schreiben	katab ʃīk	كتب شيك
Scheckbuch (n)	daftar ʃikāt (m)	دفتر شيكات
Darlehen (m)	qarḍ (m)	قرض
ein Darlehen beantragen	ʾaddem ṭalab ʿala qarḍ	قدّم طلب على قرض
ein Darlehen aufnehmen	ḥaṣal ʿala qarḍ	حصل على قرض
ein Darlehen geben	edda qarḍ	ادّى قرض
Sicherheit (f)	ḍamān (m)	ضمان

44. Telefon. Telefongespräche

Telefon (n)	telefon (m)	تليفون
Mobiltelefon (n)	mobile (m)	موبايل
Anrufbeantworter (m)	gehāz radd ʿalal mokalmāt (m)	جهاز ردّ على المكالمات

anrufen (vt)	ettaṣal	إتّصل
Anruf (m)	mokalma telefoniya (f)	مكالمة تليفونية
eine Nummer wählen	ettaṣal be raqam	إتّصل برقم
Hallo!	alo!	ألو!
fragen (vt)	sa'al	سأل
antworten (vi)	radd	ردّ
hören (vt)	seme'	سمع
gut (~ aussehen)	kewayes	كويّس
schlecht (Adv)	meʃ kowayīs	مش كويّس
Störungen (pl)	taʃwīʃ (m)	تشويش
Hörer (m)	sammā'a (f)	سمّاعة
den Hörer abnehmen	rafa' el sammā'a	رفع السمّاعة
auflegen (den Hörer ~)	'afal el sammā'a	قفل السمّاعة
besetzt	maʃɣūl	مشغول
läuten (vi)	rann	رنّ
Telefonbuch (n)	dalīl el telefone (m)	دليل التليفون
Orts-	maḥalliyya	ة محلّيّة
Ortsgespräch (n)	mokalma maḥalliya (f)	مكالمة محلّيّة
Auslands-	dowly	دوّلي
Auslandsgespräch (n)	mokalma dowliya (f)	مكالمة دوليّة
Fern-	bi'īd	بعيد
Ferngespräch (n)	mokalma bi'īda (f)	مكالمة بعيدة المدى

45. Mobiltelefon

Mobiltelefon (n)	mobile (m)	موبايل
Display (n)	'arḍ (m)	عرض
Knopf (m)	zerr (m)	زرّ
SIM-Karte (f)	sim kard (m)	سيم كارد
Batterie (f)	baṭṭariya (f)	بطّاريّة
leer sein (Batterie)	χelṣet	خلصت
Ladegerät (n)	ʃāḥen (m)	شاحن
Menü (n)	qā'ema (f)	قائمة
Einstellungen (pl)	awḍā' (pl)	أوضاع
Melodie (f)	naɣama (f)	نغمة
auswählen (vt)	eχtār	إختار
Rechner (m)	'āla ḥasba (f)	آلة حاسبة
Anrufbeantworter (m)	barīd ṣawty (m)	بريد صوتي
Wecker (m)	monabbeh (m)	منبّه
Kontakte (pl)	gehāt el etteṣāl (pl)	جهات الإتّصال
SMS-Nachricht (f)	resāla 'aṣīra ɛsɛmɛs (f)	رسالة قصيرة sms
Teilnehmer (m)	moʃtarek (m)	مشترك

46. Bürobedarf

Kugelschreiber (m)	'alam gāf (m)	قلم جاف
Federhalter (m)	'alam rīʃa (m)	قلم ريشة
Bleistift (m)	'alam roṣāṣ (m)	قلم رصاص
Faserschreiber (m)	markar (m)	ماركر
Filzstift (m)	'alam fulumaster (m)	قلم فلوماستر
Notizblock (m)	mozakkera (f)	مذكّرة
Terminkalender (m)	gadwal el a'māl (m)	جدول الأعمال
Lineal (n)	masṭara (f)	مسطرة
Rechner (m)	'āla ḥasba (f)	آلة حاسبة
Radiergummi (m)	astīka (f)	استيكة
Reißzwecke (f)	dabbūs (m)	دبّوس
Heftklammer (f)	dabbūs wara' (m)	دبّوس ورق
Klebstoff (m)	ṣamɣ (m)	صمغ
Hefter (m)	dabbāsa (f)	دبّاسة
Locher (m)	χarrāma (m)	خرّامة
Bleistiftspitzer (m)	barrāya (f)	برّاية

47. Fremdsprachen

Sprache (f)	loɣa (f)	لغة
Fremd-	agnaby	أجنبيّ
Fremdsprache (f)	loɣa agnabiya (f)	لغة أجنبية
studieren (z.B. Jura ~)	daras	درس
lernen (Englisch ~)	ta'allam	تعلّم
lesen (vi, vt)	'ara	قرأ
sprechen (vi, vt)	kallem	كلّم
verstehen (vt)	fehem	فهم
schreiben (vi, vt)	katab	كتب
schnell (Adv)	bosor'a	بسرعة
langsam (Adv)	bo boṭ'	ببطء
fließend (Adv)	beṭalāqa	بطلاقة
Regeln (pl)	qawā'ed (pl)	قواعد
Grammatik (f)	el naḥw wel ṣarf (m)	النحو والصرف
Vokabular (n)	mofradāt el loɣa (pl)	مفردات اللغة
Phonetik (f)	ṣawtīāt (pl)	صوتيات
Lehrbuch (n)	ketāb ta'līm (m)	كتاب تعليم
Wörterbuch (n)	qamūs (m)	قاموس
Selbstlernbuch (n)	ketāb ta'līm zāty (m)	كتاب تعليم ذاتي
Sprachführer (m)	ketāb lel 'ebarāt el ʃā'e'a (m)	كتاب للعبارت الشائعة

Kassette (f)	kasett (m)	كاسيت
Videokassette (f)	ʃerīʾṭ video (m)	شريط فيديو
CD (f)	sidī (m)	سي دي
DVD (f)	dividī (m)	دي في دي
Alphabet (n)	abgadiya (f)	أبجدية
buchstabieren (vt)	tahagga	تهجّى
Aussprache (f)	noṭʾ (m)	نطق
Akzent (m)	lahga (f)	لهجة
mit Akzent	be lahga	بـ لهجة
ohne Akzent	men ɣeyr lahga	من غير لهجة
Wort (n)	kelma (f)	كلمة
Bedeutung (f)	maʿna (m)	معنى
Kurse (pl)	dawra (f)	دورة
sich einschreiben	saggel esmo	سجّل إسمه
Lehrer (m)	modarres (m)	مدرّس
Übertragung (f)	targama (f)	ترجمة
Übersetzung (f)	targama (f)	ترجمة
Übersetzer (m)	motargem (m)	مترجم
Dolmetscher (m)	motargem fawwry (m)	مترجم فوّري
Polyglott (m, f)	ʿalīm beʿeddet loɣāt (m)	عليم بعدّة لغات
Gedächtnis (n)	zākera (f)	ذاكرة

MAHLZEITEN. RESTAURANT

T&P Books Publishing

48. Gedeck

Löffel (m)	maʿlaʾa (f)	معلقة
Messer (n)	sekkīna (f)	سكّينة
Gabel (f)	ʃawka (f)	شوكة
Tasse (eine ~ Tee)	fengān (m)	فنجان
Teller (m)	ṭabaʾ (m)	طبق
Untertasse (f)	ṭabaʾ fengān (m)	طبق فنجان
Serviette (f)	mandīl waraʾ (m)	منديل ورق
Zahnstocher (m)	χallet senān (f)	خلة سنان

49. Restaurant

Restaurant (n)	maṭʿam (m)	مطعم
Kaffeehaus (n)	ʾahwa (f), kaféih (m)	قهوة, كافيه
Bar (f)	bār (m)	بار
Teesalon (m)	ṣalone ʃāy (m)	صالون شاي
Kellner (m)	garsone (m)	جرسون
Kellnerin (f)	garsona (f)	جرسونة
Barmixer (m)	bārman (m)	بارمان
Speisekarte (f)	qāʾemet el ṭaʿām (f)	قائمة طعام
Weinkarte (f)	qāʾemet el χomūr (f)	قائمة خمور
einen Tisch reservieren	ḥagaz sofra	حجز سفرة
Gericht (n)	wagba (f)	وجبة
bestellen (vt)	ṭalab	طلب
eine Bestellung aufgeben	ṭalab	طلب
Aperitif (m)	ʃarāb (m)	شراب
Vorspeise (f)	moqabbelāt (pl)	مقبّلات
Nachtisch (m)	ḥalawīāt (pl)	حلويّات
Rechnung (f)	ḥesāb (m)	حساب
Rechnung bezahlen	dafaʿ el ḥesāb	دفع الحساب
das Wechselgeld geben	edda el bāʾy	ادّي الباقي
Trinkgeld (n)	baʾʃīʃ (m)	بقشيش

50. Mahlzeiten

Essen (n)	akl (m)	أكل
essen (vi, vt)	akal	أكل

Frühstück (n)	foṭūr (m)	فطور
frühstücken (vi)	feṭer	فطر
Mittagessen (n)	ɣada' (m)	غداء
zu Mittag essen	etɣadda	إتغدّى
Abendessen (n)	'aʃā' (m)	عشاء
zu Abend essen	et'asʃa	إتعشّى
Appetit (m)	ʃahiya (f)	شهيّة
Guten Appetit!	bel hana wel ʃefa!	!بالهنا والشفا
öffnen (vt)	fataḥ	فتح
verschütten (vt)	dala'	دلق
verschüttet werden	dala'	دلق
kochen (vi)	ɣely	غلى
kochen (Wasser ~)	ɣely	غلى
gekocht (Adj)	maɣly	مغلي
kühlen (vt)	barrad	برّد
abkühlen (vi)	barrad	برّد
Geschmack (m)	ṭa'm (m)	طعم
Beigeschmack (m)	ṭa'm ma ba'd el mazāq (m)	طعم ما بعد المذاق
auf Diät sein	χass	خسّ
Diät (f)	reʒīm (m)	رجيم
Vitamin (n)	vitamīn (m)	فيتامين
Kalorie (f)	so'ra ḥarāriya (f)	سعرة حراريّة
Vegetarier (m)	nabāty (m)	نباتي
vegetarisch (Adj)	nabāty	نباتي
Fett (n)	dohūn (pl)	دهون
Protein (n)	brotenāt (pl)	بروتينات
Kohlenhydrat (n)	naʃawīāt (pl)	نشويّات
Scheibchen (n)	ʃarīḥa (f)	شريحة
Stück (ein ~ Kuchen)	'eṭ'a (f)	قطعة
Krümel (m)	fattāta (f)	فتاتة

51. Gerichte

Gericht (n)	wagba (f)	وجبة
Küche (f)	maṭbaχ (m)	مطبخ
Rezept (n)	waṣfa (f)	وصفة
Portion (f)	naṣīb (m)	نصيب
Salat (m)	solṭa (f)	سلطة
Suppe (f)	ʃorba (f)	شوربة
Brühe (f), Bouillon (f)	mara'a (m)	مرقة
belegtes Brot (n)	sandawitʃ (m)	ساندويتش
Spiegelei (n)	beyḍ ma'ly (m)	بيض مقلي

Hamburger (m)	hamburger (m)	هامبورجر
Beefsteak (n)	steak laḥm (m)	ستيك لحم
Beilage (f)	ṭaba' gāneby (m)	طبق جانبي
Spaghetti (pl)	spaɣetti (m)	سباجيتي
Kartoffelpüree (n)	baṭāṭes mahrūsa (f)	بطاطس مهروسة
Pizza (f)	bītza (f)	بيتزا
Brei (m)	'aṣīda (f)	عصيدة
Omelett (n)	omlette (m)	اومليت
gekocht	maslū'	مسلوق
geräuchert	modakχen	مدخّن
gebraten	ma'ly	مقلي
getrocknet	mogaffaf	مجفّف
tiefgekühlt	mogammad	مجمّد
mariniert	meχallel	مخلّل
süß	mesakkar	مسكّر
salzig	māleḥ	مالح
kalt	bāred	بارد
heiß	soχn	سخن
bitter	morr	مرّ
lecker	ḥelw	حلو
kochen (vt)	sala'	سلق
zubereiten (vt)	ḥaḍḍar	حضّر
braten (vt)	'ala	قلي
aufwärmen (vt)	sakχan	سخّن
salzen (vt)	rasʃ malḥ	رشّ ملح
pfeffern (vt)	rasʃ felfel	رشّ فلفل
reiben (vt)	baraʃ	برش
Schale (f)	'eʃra (f)	قشرة
schälen (vt)	'asʃar	قشّر

52. Essen

Fleisch (n)	laḥma (f)	لحمة
Hühnerfleisch (n)	ferāχ (m)	فراخ
Küken (n)	farrūg (m)	فرّوج
Ente (f)	baṭṭa (f)	بطّة
Gans (f)	wezza (f)	وزّة
Wild (n)	ṣeyd (m)	صيد
Pute (f)	dīk rūmy (m)	ديك رومي
Schweinefleisch (n)	laḥm el χanazīr (m)	لحم الخنزير
Kalbfleisch (n)	laḥm el 'egl (m)	لحم العجل
Hammelfleisch (n)	laḥm ḍāny (m)	لحم ضاني
Rindfleisch (n)	laḥm baqary (m)	لحم بقري
Kaninchenfleisch (n)	laḥm arāneb (m)	لحم أرانب

Wurst (f)	sogo" (m)	سجق
Würstchen (n)	sogo" (m)	سجق
Schinkenspeck (m)	bakon (m)	بيكون
Schinken (m)	hām(m)	هام
Räucherschinken (m)	faχd χanzīr (m)	فخد خنزير
Pastete (f)	maʿgūn laḥm (m)	معجون لحم
Leber (f)	kebda (f)	كبدة
Hackfleisch (n)	hamburger (m)	هامبورجر
Zunge (f)	lesān (m)	لسان
Ei (n)	beyḍa (f)	بيضة
Eier (pl)	beyḍ (m)	بيض
Eiweiß (n)	bayāḍ el beyḍ (m)	بياض البيض
Eigelb (n)	ṣafār el beyḍ (m)	صفار البيض
Fisch (m)	samak (m)	سمك
Meeresfrüchte (pl)	sīfūd (pl)	سي فود
Kaviar (m)	kaviar (m)	كافيار
Krabbe (f)	kaboria (m)	كابوريا
Garnele (f)	gammbary (m)	جمّبري
Auster (f)	maḥār (m)	محار
Languste (f)	estakoza (m)	استاكوزا
Krake (m)	aχṭabūṭ (m)	أخطبوط
Kalmar (m)	kalmāry (m)	كالماري
Störfleisch (n)	samak el ḥafʃ (m)	سمك الحفش
Lachs (m)	salamon (m)	سلمون
Heilbutt (m)	samak el halbūt (m)	سمك الهلبوت
Dorsch (m)	samak el qadd (m)	سمك القد
Makrele (f)	makerel (m)	ماكريل
Tunfisch (m)	tuna (f)	تونة
Aal (m)	ḥankalīs (m)	حنكليس
Forelle (f)	salamon mera"aṭ (m)	سلمون مرقّط
Sardine (f)	sardīn (m)	سردين
Hecht (m)	samak el karāky (m)	سمك الكراكي
Hering (m)	renga (f)	رنجة
Brot (n)	ʿeyʃ (m)	عيش
Käse (m)	gebna (f)	جبنة
Zucker (m)	sokkar (m)	سكّر
Salz (n)	melḥ (m)	ملح
Reis (m)	rozz (m)	رزّ
Teigwaren (pl)	makaruna (f)	مكرونة
Nudeln (pl)	nūdles (f)	نودلز
Butter (f)	zebda (f)	زبدة
Pflanzenöl (n)	zeyt (m)	زيت

Sonnenblumenöl (n)	zeyt ʿabbād el ʃams (m)	زيت عبّاد الشمس
Margarine (f)	margarīn (m)	مارجرين
Oliven (pl)	zaytūn (m)	زيتون
Olivenöl (n)	zeyt el zaytūn (m)	زيت الزيتون
Milch (f)	laban (m)	لبن
Kondensmilch (f)	ḥalīb mokassaf (m)	حليب مكثّف
Joghurt (m)	zabādy (m)	زبادي
saure Sahne (f)	kreyma ḥamḍa (f)	كريمة حامضة
Sahne (f)	krīma (f)	كريمة
Mayonnaise (f)	mayonnɛ:z (m)	مايونيز
Buttercreme (f)	krīmet zebda (f)	كريمة زبدة
Grütze (f)	ḥobūb ʾamḥ (pl)	حبوب قمح
Mehl (n)	deʾīʾ (m)	دقيق
Konserven (pl)	moʿallabāt (pl)	معلّبات
Maisflocken (pl)	korn fleks (m)	كورن فليكس
Honig (m)	ʿasal (m)	عسل
Marmelade (f)	mrabba (m)	مربّى
Kaugummi (m, n)	lebān (m)	لبان

53. Getränke

Wasser (n)	meyāh (f)	مياه
Trinkwasser (n)	mayet ʃorb (m)	ميّة شرب
Mineralwasser (n)	maya maʿdaniya (f)	ميّة معدنية
still	rakeda	راكدة
mit Kohlensäure	kanz	كانز
mit Gas	kanz	كانز
Eis (n)	talg (m)	ثلج
mit Eis	bel talg	بالتلج
alkoholfrei (Adj)	men ɣeyr koḥūl	من غير كحول
alkoholfreies Getränk (n)	maʃrūb ɣāzy (m)	مشروب غازي
Erfrischungsgetränk (n)	ḥāga saʾʿa (f)	حاجة ساقعة
Limonade (f)	limonāta (f)	ليموناتة
Spirituosen (pl)	maʃrūbāt koḥūliya (pl)	مشروبات كحولية
Wein (m)	χamra (f)	خمرة
Weißwein (m)	nebīz abyaḍ (m)	نبيذ أبيض
Rotwein (m)	nebī aḥmar (m)	نبيذ أحمر
Likör (m)	liqure (m)	ليكيور
Champagner (m)	ʃambania (f)	شمبانيا
Wermut (m)	vermote (m)	فيرموت
Whisky (m)	wiski (m)	ويسكي

Wodka (m)	vodka (f)	فودكا
Gin (m)	ʒin (m)	جين
Kognak (m)	konyāk (m)	كونياك
Rum (m)	rum (m)	رم
Kaffee (m)	ʾahwa (f)	قهوة
schwarzer Kaffee (m)	ʾahwa sāda (f)	قهوة سادة
Milchkaffee (m)	ʾahwa bel ḥalīb (f)	قهوة بالحليب
Cappuccino (m)	kaputʃino (m)	كابتشينو
Pulverkaffee (m)	neskafe (m)	نيسكافيه
Milch (f)	laban (m)	لبن
Cocktail (m)	koktayl (m)	كوكتيل
Milchcocktail (m)	milk ʃejk (m)	ميلك شيك
Saft (m)	ʿaṣīr (m)	عصير
Tomatensaft (m)	ʿaṣīr ṭamāṭem (m)	عصير طماطم
Orangensaft (m)	ʿaṣīr bortoqāl (m)	عصير برتقال
frisch gepresster Saft (m)	ʿaṣīr freʃ (m)	عصير فريش
Bier (n)	bīra (f)	بيرة
Helles (n)	bīra χafīfa (f)	بيرة خفيفة
Dunkelbier (n)	bīra ɣamʾa (f)	بيرة غامقة
Tee (m)	ʃāy (m)	شاي
schwarzer Tee (m)	ʃāy aḥmar (m)	شاي أحمر
grüner Tee (m)	ʃāy aχḍar (m)	شاي أخضر

54. Gemüse

Gemüse (n)	χoḍār (pl)	خضار
grünes Gemüse (pl)	χoḍrawāt waraqiya (pl)	خضروات ورقية
Tomate (f)	ṭamāṭem (f)	طماطم
Gurke (f)	χeyār (m)	خيار
Karotte (f)	gazar (m)	جزر
Kartoffel (f)	baṭāṭes (f)	بطاطس
Zwiebel (f)	baṣal (m)	بصل
Knoblauch (m)	tūm (m)	ثوم
Kohl (m)	koronb (m)	كرنب
Blumenkohl (m)	ʾarnabīṭ (m)	قرنبيط
Rosenkohl (m)	koronb broksel (m)	كرنب بروكسل
Brokkoli (m)	brokkoli (m)	بركولي
Rote Bete (f)	bangar (m)	بنجر
Aubergine (f)	bātengān (m)	باذنجان
Zucchini (f)	kōsa (f)	كوسة
Kürbis (m)	qarʿ ʿasaly (m)	قرع عسلي
Rübe (f)	left (m)	لفت

Petersilie (f)	ba'dūnes (m)	بقدونس
Dill (m)	ʃabat (m)	شبت
Kopf Salat (m)	χass (m)	خسّ
Sellerie (m)	karfas (m)	كرفس
Spargel (m)	helione (m)	هليون
Spinat (m)	sabāneχ (m)	سبانخ
Erbse (f)	besella (f)	بسلّة
Bohnen (pl)	fūl (m)	فول
Mais (m)	dora (f)	ذرة
weiße Bohne (f)	faṣolya (f)	فاصوليا
Paprika (m)	felfel (m)	فلفل
Radieschen (n)	fegl (m)	فجل
Artischocke (f)	χarʃūf (m)	خرشوف

55. Obst. Nüsse

Frucht (f)	faχa (f)	فاكهة
Apfel (m)	toffāḥa (f)	تفّاحة
Birne (f)	komettra (f)	كمّثرى
Zitrone (f)	lymūn (m)	ليمون
Apfelsine (f)	bortoqāl (m)	برتقال
Erdbeere (f)	farawla (f)	فراولة
Mandarine (f)	yosfy (m)	يوسفي
Pflaume (f)	bar'ū' (m)	برقوق
Pfirsich (m)	χawχa (f)	خوخة
Aprikose (f)	meʃmeʃ (f)	مشمش
Himbeere (f)	tūt el 'alī' el aḥmar (m)	توت العليق الأحمر
Ananas (f)	ananās (m)	أناناس
Banane (f)	moze (m)	موز
Wassermelone (f)	baṭṭīχ (m)	بطّيخ
Weintrauben (pl)	'enab (m)	عنب
Kirsche (f)	karaz (m)	كرز
Melone (f)	ʃammām (f)	شمّام
Grapefruit (f)	grabe frūt (m)	جريب فروت
Avocado (f)	avokado (f)	افوكاتو
Papaya (f)	babāya (m)	ببايا
Mango (f)	manga (m)	مانجة
Granatapfel (m)	rommān (m)	رمان
rote Johannisbeere (f)	keʃmeʃ aḥmar (m)	كشمش أحمر
schwarze Johannisbeere (f)	keʃmeʃ aswad (m)	كشمش أسود
Stachelbeere (f)	'enab el sa'lab (m)	عنب الثعلب
Heidelbeere (f)	'enab al aḥrāg (m)	عنب الأحراج
Brombeere (f)	tūt aswad (m)	توت أسود

Rosinen (pl)	zebīb (m)	زبيب
Feige (f)	tīn (m)	تين
Dattel (f)	tamr (m)	تمر
Erdnuss (f)	fūl sudāny (m)	فول سوداني
Mandel (f)	loze (m)	لوز
Walnuss (f)	ʿeyn gamal (f)	عين الجمل
Haselnuss (f)	bondoʾ (m)	بندق
Kokosnuss (f)	goze el hend (m)	جوز هند
Pistazien (pl)	fostoʾ (m)	فستق

56. Brot. Süßigkeiten

Konditorwaren (pl)	ḥalawīāt (pl)	حلويّات
Brot (n)	ʿeyʃ (m)	عيش
Keks (m, n)	baskawīt (m)	بسكويت
Schokolade (f)	ʃokolāta (f)	شكولاتة
Schokoladen-	bel ʃokolāṭa	بالشكولاتة
Bonbon (m, n)	bonbony (m)	بونبوني
Kuchen (m)	keyka (f)	كيكة
Torte (f)	torta (f)	تورتة
Kuchen (Apfel-)	feṭīra (f)	فطيرة
Füllung (f)	ḥaʃwa (f)	حشوة
Konfitüre (f)	mrabba (m)	مربّى
Marmelade (f)	marmalād (f)	مرملاد
Waffeln (pl)	waffles (pl)	وافلز
Eis (n)	ʾays krīm (m)	آيس كريم
Pudding (m)	būding (m)	بودنج

57. Gewürze

Salz (n)	melḥ (m)	ملح
salzig (Adj)	māleḥ	مالِح
salzen (vt)	rasʃ malḥ	رش ملح
schwarzer Pfeffer (m)	felfel aswad (m)	فلفل أسوّد
roter Pfeffer (m)	felfel aḥmar (m)	فلفل أحمر
Senf (m)	mosṭarda (m)	مسطردة
Meerrettich (m)	fegl ḥār (m)	فجل حار
Gewürz (n)	bahār (m)	بهار
Gewürz (n)	bahār (m)	بهار
Soße (f)	ṣalṣa (f)	صلصة
Essig (m)	xall (m)	خلّ
Anis (m)	yansūn (m)	ينسون

Basilikum (n)	rīḥān (m)	ريحان
Nelke (f)	ʾoronfol (m)	قرنفل
Ingwer (m)	zangabīl (m)	زنجبيل
Koriander (m)	kozbora (f)	كزبرة
Zimt (m)	ʾerfa (f)	قرفة
Sesam (m)	semsem (m)	سمسم
Lorbeerblatt (n)	waraʾ el ɣār (m)	ورق الغار
Paprika (m)	babrika (f)	بابريكا
Kümmel (m)	karawya (f)	كراوية
Safran (m)	zaʿfarān (m)	زعفران

PERSÖNLICHE INFORMATIONEN. FAMILIE

T&P Books Publishing

58. Persönliche Informationen. Formulare

Vorname (m)	esm (m)	اسم
Name (m)	esm el ʿaʾela (m)	اسم العائلة
Geburtsdatum (n)	tarīχ el melād (m)	تاريخ الميلاد
Geburtsort (m)	makān el melād (m)	مكان الميلاد
Nationalität (f)	gensiya (f)	جنسيّة
Wohnort (m)	maqarr el eqāma (m)	مقرّ الإقامة
Land (n)	balad (m)	بلد
Beruf (m)	mehna (f)	مهنة
Geschlecht (n)	ginss (m)	جنس
Größe (f)	ṭūl (m)	طول
Gewicht (n)	wazn (m)	وزن

59. Familienmitglieder. Verwandte

Mutter (f)	walda (f)	والدة
Vater (m)	wāled (m)	والد
Sohn (m)	walad (m)	ولد
Tochter (f)	bent (f)	بنت
jüngste Tochter (f)	el bent el saɣīra (f)	البنت الصغيرة
jüngste Sohn (m)	el ebn el saɣīr (m)	الابن الصغير
ältere Tochter (f)	el bent el kebīra (f)	البنت الكبيرة
älterer Sohn (m)	el ebn el kabīr (m)	الابن الكبير
Bruder (m)	aχ (m)	أخ
älterer Bruder (m)	el aχ el kibīr (m)	الأخ الكبير
jüngerer Bruder (m)	el aχ el ṣoɣeyyir (m)	الأخ الصغير
Schwester (f)	oχt (f)	أخت
ältere Schwester (f)	el uχt el kibīra (f)	الأخت الكبيرة
jüngere Schwester (f)	el uχt el ṣoɣeyyira (f)	الأخت الصغيرة
Cousin (m)	ibn ʿamm (m), ibn χāl (m)	إبن عمّ, إبن خال
Cousine (f)	bint ʿamm (f), bint χāl (f)	بنت عمّ, بنت خال
Mama (f)	mama (f)	ماما
Papa (m)	baba (m)	بابا
Eltern (pl)	waldeyn (du)	والدين
Kind (n)	ṭefl (m)	طفل
Kinder (pl)	aṭfāl (pl)	أطفال
Großmutter (f)	gedda (f)	جدّة
Großvater (m)	gadd (m)	جدّ

Enkel (m)	ḥafīd (m)	حفيد
Enkelin (f)	ḥafīda (f)	حفيدة
Enkelkinder (pl)	aḥfād (pl)	أحفاد
Onkel (m)	ʿamm (m), χāl (m)	عمّ, خال
Tante (f)	ʿamma (f), χāla (f)	عمة, خالة
Neffe (m)	ibn el aχ (m), ibn el uχt (m)	إبن الأخ, إبن الأخت
Nichte (f)	bint el aχ (f), bint el uχt (f)	بنت الأخ, بنت الأخت
Schwiegermutter (f)	ḥamah (f)	حماة
Schwiegervater (m)	ḥama (m)	حما
Schwiegersohn (m)	goze el bent (m)	جوز البنت
Stiefmutter (f)	merāt el abb (f)	مرات الأب
Stiefvater (m)	goze el omm (m)	جوز الأم
Säugling (m)	ṭefl raḍeeʿ (m)	طفل رضيع
Kleinkind (n)	mawlūd (m)	موّلود
Kleine (m)	walad ṣaɣīr (m)	ولد صغير
Frau (f)	goza (f)	جوزة
Mann (m)	goze (m)	جوز
Ehemann (m)	goze (m)	جوز
Gemahlin (f)	goza (f)	جوزة
verheiratet (Ehemann)	metgawwez	متجوّز
verheiratet (Ehefrau)	metgawweza	متجوّزة
ledig	aʿzab	أعزب
Junggeselle (m)	aʿzab (m)	أعزب
geschieden (Adj)	moṭallaq (m)	مطلّق
Witwe (f)	armala (f)	أرملة
Witwer (m)	armal (m)	أرمل
Verwandte (m)	ʾarīb (m)	قريب
naher Verwandter (m)	nesīb ʾarīb (m)	نسيب قريب
entfernter Verwandter (m)	nesīb beʿīd (m)	نسيب بعيد
Verwandte (pl)	aqāreb (pl)	أقارب
Waise (m, f)	yatīm (m)	يتيم
Vormund (m)	walyī amr (m)	وليّ أمر
adoptieren (einen Jungen)	tabanna	تبنّى
adoptieren (ein Mädchen)	tabanna	تبنّى

60. Freunde. Arbeitskollegen

Freund (m)	ṣadīq (m)	صديق
Freundin (f)	ṣadīqa (f)	صديقة
Freundschaft (f)	ṣadāqa (f)	صداقة
befreundet sein	ṣādaq	صادق
Freund (m)	ṣāḥeb (m)	صاحب
Freundin (f)	ṣaḥba (f)	صاحبة

Partner (m)	rafī' (m)	رفيق
Chef (m)	ra'īs (m)	رئيس
Vorgesetzte (m)	el arfa' maqāman (m)	الأرفع مقاماً
Besitzer (m)	ṣāḥib (m)	صاحب
Untergeordnete (m)	tābe' (m)	تابع
Kollege (m), Kollegin (f)	zamīl (m)	زميل
Bekannte (m)	ma'refa (m)	معرفة
Reisegefährte (m)	rafī' safar (m)	رفيق سفر
Mitschüler (m)	zamīl fel ṣaff (m)	زميل في الصفّ
Nachbar (m)	gār (m)	جار
Nachbarin (f)	gāra (f)	جارة
Nachbarn (pl)	gerān (pl)	جيران

MENSCHLICHER KÖRPER. MEDIZIN

T&P Books Publishing

61. Kopf

Kopf (m)	raʾs (m)	رأس
Gesicht (n)	weʃ (m)	وش
Nase (f)	manaχīr (m)	مناخير
Mund (m)	boʾ (m)	بوء
Auge (n)	ʿeyn (f)	عين
Augen (pl)	ʿoyūn (pl)	عيون
Pupille (f)	ḥadʾa (f)	حدقة
Augenbraue (f)	ḥāgeb (m)	حاجب
Wimper (f)	remʃ (m)	رمش
Augenlid (n)	gefn (m)	جفن
Zunge (f)	lesān (m)	لسان
Zahn (m)	senna (f)	سنّة
Lippen (pl)	ʃafāyef (pl)	شفايف
Backenknochen (pl)	ʿaḍmet el χadd (f)	عضمة الخدّ
Zahnfleisch (n)	lassa (f)	لثّة
Gaumen (m)	ḥanak (m)	حنك
Nasenlöcher (pl)	manaχer (pl)	مناخر
Kinn (n)	daʾʾn (m)	دقن
Kiefer (m)	fakk (m)	فكّ
Wange (f)	χadd (m)	خدّ
Stirn (f)	gabha (f)	جبهة
Schläfe (f)	ṣedɣ (m)	صدغ
Ohr (n)	wedn (f)	ودن
Nacken (m)	ʾafa (m)	قفا
Hals (m)	raʾaba (f)	رقبة
Kehle (f)	zore (m)	زور
Haare (pl)	ʃaʿr (m)	شعر
Frisur (f)	tasrīḥa (f)	تسريحة
Haarschnitt (m)	tasrīḥa (f)	تسريحة
Perücke (f)	barūka (f)	باروكة
Schnurrbart (m)	ʃanab (pl)	شنب
Bart (m)	leḥya (f)	لحية
haben (einen Bart ~)	ʿando	عنده
Zopf (m)	ḍefīra (f)	ضفيرة
Backenbart (m)	sawālef (pl)	سوالف
rothaarig	aḥmar el ʃaʿr	أحمر الشعر
grau	ʃaʿr abyaḍ	شعر أبيض

kahl	aṣlaʿ	أصلع
Glatze (f)	ṣalaʿ (m)	صلع
Pferdeschwanz (m)	deyl ḥoṣān (m)	ديل حصان
Pony (Ponyfrisur)	ʾoṣṣa (f)	قصّة

62. Menschlicher Körper

Hand (f)	yad (m)	يد
Arm (m)	derāʿ (f)	دراع
Finger (m)	ṣobāʿ (m)	صباع
Zehe (f)	ṣobāʿ el ʾadam (m)	صباع القدم
Daumen (m)	ebhām (m)	إبهام
kleiner Finger (m)	χonṣor (m)	خنصر
Nagel (m)	ḍefr (m)	ضفر
Faust (f)	qabḍa (f)	قبضة
Handfläche (f)	kaff (f)	كفّ
Handgelenk (n)	meʿṣam (m)	معصم
Unterarm (m)	sāʿed (m)	ساعد
Ellbogen (m)	kūʿ (m)	كوع
Schulter (f)	ketf (f)	كتف
Bein (n)	regl (f)	رجل
Fuß (m)	qadam (f)	قدم
Knie (n)	rokba (f)	ركبة
Wade (f)	semmāna (f)	سمّانة
Hüfte (f)	faχd (f)	فخد
Ferse (f)	kaʿb (m)	كعب
Körper (m)	gesm (m)	جسم
Bauch (m)	baṭn (m)	بطن
Brust (f)	ṣedr (m)	صدر
Busen (m)	sady (m)	ثدي
Seite (f), Flanke (f)	ganb (m)	جنب
Rücken (m)	ḍahr (m)	ضهر
Kreuz (n)	asfal el ḍahr (m)	أسفل الضهر
Taille (f)	wesṭ (f)	وسط
Nabel (m)	sorra (f)	سرّة
Gesäßbacken (pl)	ardāf (pl)	أرداف
Hinterteil (n)	debr (m)	دبر
Leberfleck (m)	ʃāma (f)	شامة
Muttermal (n)	waḥma	وحمة
Tätowierung (f)	waʃm (m)	وشم
Narbe (f)	nadba (f)	ندبة

63. Krankheiten

Krankheit (f)	maraḍ (m)	مرض
krank sein	mereḍ	مرض
Gesundheit (f)	ṣeḥḥa (f)	صحّة
Schnupfen (m)	raʃ-ḥ fel anf (m)	رشح في الأنف
Angina (f)	eltehāb el lawzateyn (m)	إلتهاب اللوزتين
Erkältung (f)	zokām (m)	زكام
sich erkälten	gālo bard	جاله برد
Bronchitis (f)	eltehāb ʃoʿaby (m)	إلتهاب شعبيّ
Lungenentzündung (f)	eltehāb raʾawy (m)	إلتهاب رئوي
Grippe (f)	influenza (f)	إنفلونزا
kurzsichtig	ʾaṣīr el naẓar	قصير النظر
weitsichtig	beʿīd el naẓar	بعيد النظر
Schielen (n)	ḥawal (m)	حوّل
schielend (Adj)	aḥwal	أحوّل
grauer Star (m)	katarakt (f)	كاتاراكت
Glaukom (n)	glawkoma (f)	جلوكوما
Schlaganfall (m)	sakta (f)	سكتة
Infarkt (m)	azma ʾalbiya (f)	أزمة قلبية
Herzinfarkt (m)	nawba ʾalbiya (f)	نوبة قلبية
Lähmung (f)	ʃalal (m)	شلل
lähmen (vt)	ʃall	شلّ
Allergie (f)	ḥasasiya (f)	حساسيّة
Asthma (n)	rabw (m)	ربو
Diabetes (m)	dāʾ el sokkary (m)	داء السكّري
Zahnschmerz (m)	alam asnān (m)	ألم الأسنان
Karies (f)	naχr el asnān (m)	نخر الأسنان
Durchfall (m)	es-hāl (m)	إسهال
Verstopfung (f)	emsāk (m)	إمساك
Magenverstimmung (f)	edṭrāb el meʿda (m)	إضطراب المعدة
Vergiftung (f)	tasammom (m)	تسمّم
Vergiftung bekommen	etsammem	إتسمّم
Arthritis (f)	eltehāb el mafāṣel (m)	إلتهاب المفاصل
Rachitis (f)	kosāḥ el aṭfāl (m)	كساح الأطفال
Rheumatismus (m)	rheumatism (m)	روماتزم
Atherosklerose (f)	taṣṣallob el ʃarayīn (m)	تصلّب الشرايين
Gastritis (f)	eltehāb el meʿda (m)	إلتهاب المعدة
Blinddarmentzündung (f)	eltehāb el zayda el dūdiya (m)	إلتهاب الزائدة الدودية
Cholezystitis (f)	eltehāb el marāra (m)	إلتهاب المرارة
Geschwür (n)	qorḥa (f)	قرحة

Masern (pl)	marad el hasba (m)	مرض الحصبة
Röteln (pl)	el hasba el almaniya (f)	الحصبة الألمانية
Gelbsucht (f)	yaraqān (m)	يرقان
Hepatitis (f)	eltehāb el kabed el vayrūsy (m)	إلتهاب الكبد الفيروسي
Schizophrenie (f)	fuṣām (m)	فصام
Tollwut (f)	dā' el kalb (m)	داء الكلب
Neurose (f)	edṭrāb 'aṣaby (m)	إضطراب عصبي
Gehirnerschütterung (f)	ertegāg el moχ (m)	إرتجاج المخ
Krebs (m)	saraṭān (m)	سرطان
Sklerose (f)	taṣṣallob (m)	تصلّب
multiple Sklerose (f)	taṣṣallob mota'added (m)	تصلّب متعدّد
Alkoholismus (m)	edmān el χamr (m)	إدمان الخمر
Alkoholiker (m)	modmen el χamr (m)	مدمن الخمر
Syphilis (f)	syfilis el zehry (m)	سفلس الزهري
AIDS	el eydz (m)	الايدز
Tumor (m)	waram (m)	ورم
bösartig	χabīs	خبيث
gutartig	ḥamīd (m)	حميد
Fieber (n)	ḥomma (f)	حمّى
Malaria (f)	malaria (f)	ملاريا
Gangrän (f, n)	ɣanɣarīna (f)	غنغرينا
Seekrankheit (f)	dawār el baḥr (m)	دوار البحر
Epilepsie (f)	maraḍ el ṣara' (m)	مرض الصرع
Epidemie (f)	wabā' (m)	وباء
Typhus (m)	tyfus (m)	تيفوس
Tuberkulose (f)	maraḍ el soll (m)	مرض السلّ
Cholera (f)	kōlīra (f)	كوليرا
Pest (f)	ṭa'ūn (m)	طاعون

64. Symptome. Behandlungen. Teil 1

Symptom (n)	'araḍ (m)	عرض
Temperatur (f)	ḥarāra (f)	حرارة
Fieber (n)	ḥomma (f)	حمّى
Puls (m)	nabḍ (m)	نبض
Schwindel (m)	dawχa (f)	دوخة
heiß (Stirne usw.)	soχn	سخن
Schüttelfrost (m)	ra'ʃa (f)	رعشة
blass (z.B. -es Gesicht)	aṣfar	أصفر
Husten (m)	koḥḥa (f)	كحّة
husten (vi)	kaḥḥ	كحّ

niesen (vi)	ʿaṭas	عطس
Ohnmacht (f)	dawχa (f)	دوخة
ohnmächtig werden	oɣma ʿaleyh	أغمي عليه
blauer Fleck (m)	kadma (f)	كدمة
Beule (f)	tawarrom (m)	تورّم
sich stoßen	etχabaṭ	إتخبط
Prellung (f)	raḍḍa (f)	رضّة
sich stoßen	etkadam	إتكدم
hinken (vi)	ʿarag	عرج
Verrenkung (f)	χalʿ (m)	خلع
ausrenken (vt)	χalaʿ	خلع
Fraktur (f)	kasr (m)	كسر
brechen (Arm usw.)	enkasar	إنكسر
Schnittwunde (f)	garḥ (m)	جرح
sich schneiden	garaḥ nafsoh	جرح نفسه
Blutung (f)	nazīf (m)	نزيف
Verbrennung (f)	ḥarʾ (m)	حرق
sich verbrennen	et-ḥaraʾ	إتحرق
stechen (vt)	waχaz	وخز
sich stechen	waχaz nafso	وخز نفسه
verletzen (vt)	aṣāb	أصاب
Verletzung (f)	eṣāba (f)	إصابة
Wunde (f)	garḥ (m)	جرح
Trauma (n)	ṣadma (f)	صدمة
irrereden (vi)	haza	هذى
stottern (vi)	talaʿsam	تلعثم
Sonnenstich (m)	ḍarabet ʃams (f)	ضربة شمس

65. Symptome. Behandlungen. Teil 2

Schmerz (m)	alam (m)	ألم
Splitter (m)	ʃazya (f)	شظية
Schweiß (m)	ʿerʾ (m)	عرق
schwitzen (vi)	ʿereʾ	عرق
Erbrechen (n)	targeeʿ (m)	ترجيع
Krämpfe (pl)	taʃonnogāt (pl)	تشنّجات
schwanger	ḥāmel	حامل
geboren sein	etwalad	اتولّد
Geburt (f)	welāda (f)	ولادة
gebären (vt)	walad	ولد
Abtreibung (f)	eg-hāḍ (m)	إجهاض
Atem (m)	tanaffos (m)	تنفّس

Atemzug (m)	estenʃāq (m)	إستنشاق
Ausatmung (f)	zafīr (m)	زفير
ausatmen (vt)	zafar	زفر
einatmen (vt)	estanʃaq	إستنشق
Invalide (m)	mo'āq (m)	معاق
Krüppel (m)	moq'ad (m)	مقعد
Drogenabhängiger (m)	modmen moχaddarāt (m)	مدمن مخدّرات
taub	aṭraʃ	أطرش
stumm	aχras	أخرس
taubstumm	aṭraʃ aχras	أطرش أخرس
verrückt (Adj)	magnūn	مجنون
Irre (m)	magnūn (m)	مجنون
Irre (f)	magnūna (f)	مجنونة
den Verstand verlieren	etgannen	اتجنّن
Gen (n)	ʒīn (m)	جين
Immunität (f)	manā'a (f)	مناعة
erblich	werāsy	وراثي
angeboren	χolqy men el welāda	خلقي من الولادة
Virus (m, n)	virūs (m)	فيروس
Mikrobe (f)	mikrūb (m)	ميكروب
Bakterie (f)	garsūma (f)	جرثومة
Infektion (f)	'adwa (f)	عدوّى

66. Symptome. Behandlungen. Teil 3

Krankenhaus (n)	mostaʃfa (m)	مستشفى
Patient (m)	marīḍ (m)	مريض
Diagnose (f)	taʃχīṣ (m)	تشخيص
Heilung (f)	ʃefā' (m)	شفاء
Behandlung (f)	'elāg ṭebby (m)	علاج طبي
Behandlung bekommen	et'āleg	اتعالج
behandeln (vt)	'ālag	عالج
pflegen (Kranke)	marraḍ	مرّض
Pflege (f)	'enāya (f)	عناية
Operation (f)	'amaliya grāḥiya (f)	عمليّة جراحية
verbinden (vt)	ḍammad	ضمّد
Verband (m)	taḍmīd (m)	تضميد
Impfung (f)	talqīḥ (m)	تلقيح
impfen (vt)	laqqaḥ	لقّح
Spritze (f)	ḥo'na (f)	حقنة
eine Spritze geben	ḥa'an ebra	حقن إبرة
Anfall (m)	nawba (f)	نوبة

Amputation (f)	batr (m)	بتر
amputieren (vt)	batr	بتر
Koma (n)	ɣaybūba (f)	غيبوبة
im Koma liegen	kān fi ḥālet ɣaybūba	كان في حالة غيبوبة
Reanimation (f)	el ʿenāya el morakkaza (f)	العناية المركّزة
genesen von ... (vi)	ʃefy	شفي
Zustand (m)	ḥāla (f)	حالة
Bewusstsein (n)	waʿy (m)	وعي
Gedächtnis (n)	zākera (f)	ذاكرة
ziehen (einen Zahn ~)	χalaʿ	خلع
Plombe (f)	ḥaʃww (m)	حشوّ
plombieren (vt)	ḥaʃa	حشا
Hypnose (f)	el tanwīm el meɣnaṭīsy (m)	التنويم المغناطيسى
hypnotisieren (vt)	nawwem	نوّم

67. Medizin. Medikamente. Accessoires

Arznei (f)	dawāʾ (m)	دواء
Heilmittel (n)	ʿelāg (m)	علاج
verschreiben (vt)	waṣaf	وصف
Rezept (n)	waṣfa (f)	وصفة
Tablette (f)	ʾorṣ (m)	قرص
Salbe (f)	marham (m)	مرهم
Ampulle (f)	ambūla (f)	أمبولة
Mixtur (f)	dawāʾ ʃorb (m)	دواء شراب
Sirup (m)	ʃarāb (m)	شراب
Pille (f)	ḥabba (f)	حبّة
Pulver (n)	zorūr (m)	ذرور
Verband (m)	ḍammāda ʃāʃ (f)	ضمادة شاش
Watte (f)	ʾoṭn (m)	قطن
Jod (n)	yūd (m)	يود
Pflaster (n)	blaster (m)	بلاستر
Pipette (f)	ʾattāra (f)	قطّارة
Thermometer (n)	termometr (m)	ترمومتر
Spritze (f)	serennga (f)	سرنّجة
Rollstuhl (m)	korsy motaḥarrek (m)	كرسي متحرك
Krücken (pl)	ʿokkāz (m)	عكّاز
Betäubungsmittel (n)	mosakken (m)	مسكّن
Abführmittel (n)	molayen (m)	مليّن
Spiritus (m)	etanol (m)	إيثانول
Heilkraut (n)	aʿʃāb ṭebbiya (pl)	أعشاب طبّية
Kräuter- (z.B. Kräutertee)	ʿoʃby	عشبي

WOHNUNG

T&P Books Publishing

68. Wohnung

Wohnung (f)	ʃa''a (f)	شقّة
Zimmer (n)	oḍa (f)	أوضة
Schlafzimmer (n)	oḍet el nome (f)	أوضة النوم
Esszimmer (n)	oḍet el sofra (f)	أوضة السفرة
Wohnzimmer (n)	oḍet el esteqbāl (f)	أوضة الإستقبال
Arbeitszimmer (n)	maktab (m)	مكتب
Vorzimmer (n)	madχal (m)	مدخل
Badezimmer (n)	ḥammām (m)	حمّام
Toilette (f)	ḥammām (m)	حمّام
Decke (f)	sa'f (m)	سقف
Fußboden (m)	arḍiya (f)	أرضية
Ecke (f)	zawya (f)	زاوية

69. Möbel. Innenausstattung

Möbel (n)	asās (m)	أثاث
Tisch (m)	maktab (m)	مكتب
Stuhl (m)	korsy (m)	كرسي
Bett (n)	serīr (m)	سرير
Sofa (n)	kanaba (f)	كنبة
Sessel (m)	korsy (m)	كرسي
Bücherschrank (m)	χazzānet kotob (f)	خزّانة كتب
Regal (n)	raff (m)	رفّ
Schrank (m)	dolāb (m)	دولاب
Hakenleiste (f)	ʃammā'a (f)	شمّاعة
Kleiderständer (m)	ʃammā'a (f)	شمّاعة
Kommode (f)	dolāb adrāg (m)	دولاب أدراج
Couchtisch (m)	ṭarabeyzet el 'ahwa (f)	طرابيزة القهوة
Spiegel (m)	merāya (f)	مراية
Teppich (m)	seggāda (f)	سجّادة
Matte (kleiner Teppich)	seggāda (f)	سجّادة
Kamin (m)	daffāya (f)	دفّاية
Kerze (f)	ʃam'a (f)	شمعة
Kerzenleuchter (m)	ʃam'adān (m)	شمعدان
Vorhänge (pl)	satā'er (pl)	ستائر

Tapete (f)	wara' ḥā'eṭ (m)	ورق حائط
Jalousie (f)	satā'er ofoqiya (pl)	ستائر أفقيّة
Tischlampe (f)	abāʒūr (f)	اباجورة
Leuchte (f)	lammbet ḥā'eṭ (f)	لمّبة حائط
Stehlampe (f)	meṣbāḥ arḍy (m)	مصباح أرضي
Kronleuchter (m)	nagafa (f)	نجفة
Bein (Tischbein usw.)	regl (f)	رجل
Armlehne (f)	masnad (m)	مسند
Lehne (f)	masnad (m)	مسند
Schublade (f)	dorg (m)	درج

70. Bettwäsche

Bettwäsche (f)	bayāḍāt el serīr (pl)	بياضات السرير
Kissen (n)	maχadda (f)	مخدّة
Kissenbezug (m)	kīs el maχadda (m)	كيس المخدّة
Bettdecke (f)	leḥāf (m)	لحاف
Laken (n)	melāya (f)	ملاية
Tagesdecke (f)	ɣaṭā' el serīr (m)	غطاء السرير

71. Küche

Küche (f)	maṭbaχ (m)	مطبخ
Gas (n)	ɣāz (m)	غاز
Gasherd (m)	botoɣāz (m)	بوتوغاز
Elektroherd (m)	forn kaharabā'y (m)	فرن كهربائي
Backofen (m)	forn (m)	فرن
Mikrowellenherd (m)	mikroweyv (m)	ميكروويف
Kühlschrank (m)	tallāga (f)	ثلاجة
Tiefkühltruhe (f)	freyzer (m)	فريزر
Geschirrspülmaschine (f)	ɣassālet aṭbā' (f)	غسّالة أطباق
Fleischwolf (m)	farrāmet laḥm (f)	فرّامة لحم
Saftpresse (f)	'aṣṣāra (f)	عصّارة
Toaster (m)	maḥmaṣet χobz (f)	محمصة خبز
Mixer (m)	χallāṭ (m)	خلّاط
Kaffeemaschine (f)	makinet ṣon' el 'ahwa (f)	ماكينة صنع القهوة
Kaffeekanne (f)	ɣallāya kahraba'iya (f)	غلّاية القهوة
Kaffeemühle (f)	maṭ-ḥanet 'ahwa (f)	مطحنة قهوة
Wasserkessel (m)	ɣallāya (f)	غلّاية
Teekanne (f)	barrād el ʃāy (m)	برّاد الشاي
Deckel (m)	ɣaṭā' (m)	غطاء
Teesieb (n)	maṣfāh el ʃāy (f)	مصفاة الشاي

Löffel (m)	maʿlaʾa (f)	معلقة
Teelöffel (m)	maʿlaʾet ʃāy (f)	معلقة شاي
Esslöffel (m)	maʿlaʾa kebīra (f)	ملعقة كبيرة
Gabel (f)	ʃawka (f)	شوكة
Messer (n)	sekkīna (f)	سكّينة
Geschirr (n)	awāny (pl)	أواني
Teller (m)	ṭabaʾ (m)	طبق
Untertasse (f)	ṭabaʾ fengān (m)	طبق فنجان
Schnapsglas (n)	kāsa (f)	كاسة
Glas (n)	kobbāya (f)	كوبّاية
Tasse (f)	fengān (m)	فنجان
Zuckerdose (f)	sokkariya (f)	سكّريّة
Salzstreuer (m)	mamlaḥa (f)	مملحة
Pfefferstreuer (m)	mobhera (f)	مبهرة
Butterdose (f)	ṭabaʾ zebda (m)	طبق زبدة
Kochtopf (m)	ḥalla (f)	حلّة
Pfanne (f)	ṭāsa (f)	طاسة
Schöpflöffel (m)	maɣrafa (f)	مغرفة
Durchschlag (m)	maṣfāh (f)	مصفاه
Tablett (n)	ṣeniya (f)	صينيّة
Flasche (f)	ezāza (f)	إزازة
Glas (Einmachglas)	barṭamān (m)	برطمان
Dose (f)	kanz (m)	كانز
Flaschenöffner (m)	fattāḥa (f)	فتّاحة
Dosenöffner (m)	fattāḥa (f)	فتّاحة
Korkenzieher (m)	barrīma (f)	بريّمة
Filter (n)	filter (m)	فلتر
filtern (vt)	ṣaffa	صفّى
Müll (m)	zebāla (f)	زبالة
Mülleimer, Treteimer (m)	ṣandūʾ el zebāla (m)	صندوق الزبالة

72. Bad

Badezimmer (n)	ḥammām (m)	حمّام
Wasser (n)	meyāh (f)	مياه
Wasserhahn (m)	ḥanafiya (f)	حنفيّة
Warmwasser (n)	maya soχna (f)	مايّة سخنة
Kaltwasser (n)	maya barda (f)	مايّة باردة
Zahnpasta (f)	maʿgūn asnān (m)	معجون أسنان
Zähne putzen	naḍḍaf el asnān	نظّف الأسنان
Zahnbürste (f)	forʃet senān (f)	فرشة أسنان
sich rasieren	ḥalaʾ	حلق

Rasierschaum (m)	raɣwa lel ḥelā'a (f)	رغوة للحلاقة
Rasierer (m)	mūs (m)	موس
waschen (vt)	ɣasal	غسل
sich waschen	estaḥamma	إستحمّى
Dusche (f)	doʃ (m)	دوش
sich duschen	aχad doʃ	أخد دوش
Badewanne (f)	banyo (m)	بانيو
Klosettbecken (n)	twalet (m)	تواليت
Waschbecken (n)	ḥoḍe (m)	حوض
Seife (f)	ṣabūn (m)	صابون
Seifenschale (f)	ṣabbāna (f)	صبّانة
Schwamm (m)	līfa (f)	ليفة
Shampoo (n)	ʃambū (m)	شامبو
Handtuch (n)	fūṭa (f)	فوطة
Bademantel (m)	robe el ḥammām (m)	روب حمّام
Wäsche (f)	ɣasīl (m)	غسيل
Waschmaschine (f)	ɣassāla (f)	غسّالة
waschen (vt)	ɣasal el malābes	غسل الملابس
Waschpulver (n)	mas-ḥū' ɣasīl (m)	مسحوق غسيل

73. Haushaltsgeräte

Fernseher (m)	televizion (m)	تليفزيون
Tonbandgerät (n)	gehāz tasgīl (m)	جهاز تسجيل
Videorekorder (m)	'āla tasgīl video (f)	آلة تسجيل فيديو
Empfänger (m)	gehāz radio (m)	جهاز راديو
Player (m)	blayer (m)	بليير
Videoprojektor (m)	gehāz 'arḍ (m)	جهاز عرض
Heimkino (n)	sinema manzeliya (f)	سينما منزليّة
DVD-Player (m)	dividī blayer (m)	دي في دي بلبير
Verstärker (m)	mokabbaer el ṣote (m)	مكبّر الصوت
Spielkonsole (f)	'ātāry (m)	أتاري
Videokamera (f)	kamera video (f)	كاميرا فيديو
Kamera (f)	kamera (f)	كاميرا
Digitalkamera (f)	kamera diʒital (f)	كاميرا ديجيتال
Staubsauger (m)	maknasa kahraba'iya (f)	مكنسة كهربائيّة
Bügeleisen (n)	makwa (f)	مكواة
Bügelbrett (n)	lawḥet kayī (f)	لوحة كيّ
Telefon (n)	telefon (m)	تليفون
Mobiltelefon (n)	mobile (m)	موبايل
Schreibmaschine (f)	'āla katba (f)	آلة كاتبة

Nähmaschine (f)	makanet el χeyāṭa (f)	مكنة الخياطة
Mikrophon (n)	mikrofon (m)	ميكروفون
Kopfhörer (m)	samma'āt ra'siya (pl)	سمّاعات رأسية
Fernbedienung (f)	remowt kontrol (m)	ريموت كنترول
CD (f)	sidī (m)	سي دي
Kassette (f)	kasett (m)	كاسيت
Schallplatte (f)	esṭewāna mūsīqa (f)	أسطوانة موسيقى

DIE ERDE. WETTER

T&P Books Publishing

74. Weltall

Kosmos (m)	faḍā' (m)	فضاء
kosmisch, Raum-	faḍā'y	فضائي
Weltraum (m)	el faḍā' el χāregy (m)	الفضاء الخارجي
All (n)	'ālam (m)	عالم
Universum (n)	el kōn (m)	الكون
Galaxie (f)	el magarra (f)	المجرّة
Stern (m)	negm (m)	نجم
Gestirn (n)	borg (m)	برج
Planet (m)	kawwkab (m)	كوكب
Satellit (m)	'amar ṣenā'y (m)	قمر صناعي
Meteorit (m)	nayzek (m)	نيّزك
Komet (m)	mozannab (m)	مذنّب
Asteroid (m)	kowaykeb (m)	كويكب
Umlaufbahn (f)	madār (m)	مدار
sich drehen	dār	دار
Atmosphäre (f)	el ɣelāf el gawwy (m)	الغلاف الجوّي
Sonne (f)	el ʃams (f)	الشمس
Sonnensystem (n)	el magmū'a el ʃamsiya (f)	المجموعة الشمسيّة
Sonnenfinsternis (f)	kosūf el ʃams (m)	كسوف الشمس
Erde (f)	el arḍ (f)	الأرض
Mond (m)	el 'amar (m)	القمر
Mars (m)	el marrīχ (m)	المرّيخ
Venus (f)	el zahra (f)	الزهرة
Jupiter (m)	el moʃtary (m)	المشتري
Saturn (m)	zoḥḥol (m)	زحل
Merkur (m)	'aṭāred (m)	عطارد
Uran (m)	uranus (m)	اورانوس
Neptun (m)	nibtūn (m)	نبتون
Pluto (m)	bluto (m)	بلوتو
Milchstraße (f)	darb el tebbāna (m)	درب التبّانة
Der Große Bär	el dobb el akbar (m)	الدب الأكبر
Polarstern (m)	negm el 'oṭb (m)	نجم القطب
Marsbewohner (m)	sāken el marrīχ (m)	ساكن المرّيخ
Außerirdischer (m)	faḍā'y (m)	فضائي
außerirdisches Wesen (n)	kā'en faḍā'y (m)	كائن فضائي

fliegende Untertasse (f)	ṭaba' ṭā'er (m)	طبق طائر
Raumschiff (n)	markaba faḍa'iya (f)	مركبة فضائية
Raumstation (f)	maḥaṭṭet faḍā' (f)	محطّة فضاء
Raketenstart (m)	enṭelāq (m)	إنطلاق
Triebwerk (n)	motore (m)	موتور
Düse (f)	manfaθ (m)	منفث
Treibstoff (m)	woqūd (m)	وقود
Kabine (f)	kabīna (f)	كابينة
Antenne (f)	hawā'y (m)	هوائي
Bullauge (n)	kowwa mostadīra (f)	كوّة مستديرة
Sonnenbatterie (f)	lawḥa ʃamsiya (f)	لوحة شمسيّة
Raumanzug (m)	badlet el faḍā' (f)	بدّلة الفضاء
Schwerelosigkeit (f)	en'edām wazn (m)	إنعدام الوزن
Sauerstoff (m)	oksiʒīn (m)	أوكسجين
Ankopplung (f)	rasw (m)	رسو
koppeln (vi)	rasa	رسى
Observatorium (n)	marṣad (m)	مرصد
Teleskop (n)	teleskop (m)	تلسكوب
beobachten (vt)	rāqab	راقب
erforschen (vt)	estakʃef	إستكشف

75. Die Erde

Erde (f)	el arḍ (f)	الأرض
Erdkugel (f)	el kora el arḍiya (f)	الكرة الأرضيّة
Planet (m)	kawwkab (m)	كوكب
Atmosphäre (f)	el ɣelāf el gawwy (m)	الغلاف الجوّي
Geographie (f)	goɣrafia (f)	جغرافيا
Natur (f)	ṭabee'a (f)	طبيعة
Globus (m)	namūzag lel kora el arḍiya (m)	نموذج للكرة الأرضيّة
Landkarte (f)	χarīṭa (f)	خريطة
Atlas (m)	aṭlas (m)	أطلس
Europa (n)	orobba (f)	أوروبّا
Asien (n)	asya (f)	آسيا
Afrika (n)	afreqia (f)	أفريقيا
Australien (n)	ostorālya (f)	أستراليا
Amerika (n)	amrīka (f)	أمريكا
Nordamerika (n)	amrīka el ʃamaliya (f)	أمريكا الشماليّة
Südamerika (n)	amrīka el ganūbiya (f)	أمريكا الجنوبيّة
Antarktis (f)	el qoṭb el ganūby (m)	القطب الجنوبي
Arktis (f)	el qoṭb el ʃamāly (m)	القطب الشمالي

76. Himmelsrichtungen

Norden (m)	ʃemāl (m)	شمال
nach Norden	lel ʃamāl	للشمال
im Norden	fel ʃamāl	في الشمال
nördlich	ʃamāly	شمالي
Süden (m)	ganūb (m)	جنوب
nach Süden	lel ganūb	للجنوب
im Süden	fel ganūb	في الجنوب
südlich	ganūby	جنوبي
Westen (m)	ɣarb (m)	غرب
nach Westen	lel ɣarb	للغرب
im Westen	fel ɣarb	في الغرب
westlich, West-	ɣarby	غربي
Osten (m)	ʃar' (m)	شرق
nach Osten	lel ʃar'	للشرق
im Osten	fel ʃar'	في الشرق
östlich	ʃar'y	شرقي

77. Meer. Ozean

Meer (n), See (f)	baḥr (m)	بحر
Ozean (m)	moḥīṭ (m)	محيط
Golf (m)	χalīg (m)	خليج
Meerenge (f)	maḍīq (m)	مضيق
Festland (n)	barr (m)	برّ
Kontinent (m)	qārra (f)	قارّة
Insel (f)	gezīra (f)	جزيرة
Halbinsel (f)	ʃebh gezeyra (f)	شبه جزيرة
Archipel (m)	magmū'et gozor (f)	مجموعة جزر
Bucht (f)	χalīg (m)	خليج
Hafen (m)	minā' (m)	ميناء
Lagune (f)	lagūn (m)	لاجون
Kap (n)	ra's (m)	رأس
Atoll (n)	gezīra morganiya estwa'iya (f)	جزيرة مرجانية إستوائيّة
Riff (n)	ʃo'āb (pl)	شعاب
Koralle (f)	morgān (m)	مرجان
Korallenriff (n)	ʃo'āb morganiya (pl)	شعاب مرجانية
tief (Adj)	'amīq	عميق
Tiefe (f)	'omq (m)	عمق
Abgrund (m)	el 'omq el saḥīq (m)	العمق السحيق

Graben (m)	χondoq (m)	خندق
Strom (m)	tayār (m)	تيّار
umspülen (vt)	ḥāṭ	حاط
Ufer (n)	sāḥel (m)	ساحل
Küste (f)	sāḥel (m)	ساحل
Flut (f)	tayār (m)	تيّار
Ebbe (f)	gozor (m)	جزر
Sandbank (f)	meyāh ḍaḥla (f)	مياه ضحلة
Boden (m)	qāʿ (m)	قاع
Welle (f)	mouga (f)	موجة
Wellenkamm (m)	qemma (f)	قمّة
Schaum (m)	zabad el baḥr (m)	زبد البحر
Sturm (m)	ʿāṣefa (f)	عاصفة
Orkan (m)	eʿṣār (m)	إعصار
Tsunami (m)	tsunāmy (m)	تسونامي
Windstille (f)	hodūʾ (m)	هدوء
ruhig	hady	هادئ
Pol (m)	ʾoṭb (m)	قطب
Polar-	ʾoṭby	قطبي
Breite (f)	ʿarḍ (m)	عرض
Länge (f)	χaṭṭ ṭūl (m)	خطّ طول
Breitenkreis (m)	motawāz (m)	متواز
Äquator (m)	χaṭṭ el estewāʾ (m)	خطّ الإستواء
Himmel (m)	samāʾ (f)	سماء
Horizont (m)	ofoq (m)	أفق
Luft (f)	hawāʾ (m)	هواء
Leuchtturm (m)	manāra (f)	منارة
tauchen (vi)	ɣāṣ	غاص
versinken (vi)	ɣereʾ	غرق
Schätze (pl)	konūz (pl)	كنوز

78. Namen der Meere und Ozeane

Atlantischer Ozean (m)	el moḥeyṭ el aṭlanṭy (m)	المحيط الأطلنطي
Indischer Ozean (m)	el moḥeyṭ el hendy (m)	المحيط الهندي
Pazifischer Ozean (m)	el moḥeyṭ el hādy (m)	المحيط الهادي
Arktischer Ozean (m)	el moḥeyṭ el motagammed el ʃamāly (m)	المحيط المتجمّد الشمالي
Schwarzes Meer (n)	el baḥr el aswad (m)	البحر الأسود
Rotes Meer (n)	el baḥr el aḥmar (m)	البحر الأحمر
Gelbes Meer (n)	el baḥr el aṣfar (m)	البحر الأصفر

Weißes Meer (n)	el baḥr el abyaḍ (m)	البحر الأبيض
Kaspisches Meer (n)	baḥr qazwīn (m)	بحر قزوين
Totes Meer (n)	el baḥr el mayet (m)	البحر الميّت
Mittelmeer (n)	el baḥr el abyaḍ el motawasseṭ (m)	البحر الأبيض المتوسّط
Ägäisches Meer (n)	baḥr eygah (m)	بحر إيجة
Adriatisches Meer (n)	el baḥr el adreyatīky (m)	البحر الأدرياتيكي
Arabisches Meer (n)	baḥr el ʿarab (m)	بحر العرب
Japanisches Meer (n)	baḥr el yabān (m)	بحر اليابان
Beringmeer (n)	baḥr bering (m)	بحر بيرينغ
Südchinesisches Meer (n)	baḥr el ṣeyn el ganūby (m)	بحر الصين الجنوبي
Korallenmeer (n)	baḥr el morgān (m)	بحر المرجان
Tasmansee (f)	baḥr tazman (m)	بحر تسمان
Karibisches Meer (n)	el baḥr el karīby (m)	البحر الكاريبي
Barentssee (f)	baḥr barents (m)	بحر بارنتس
Karasee (f)	baḥr kara (m)	بحر كارا
Nordsee (f)	baḥr el ʃamāl (m)	بحر الشمال
Ostsee (f)	baḥr el balṭīq (m)	بحر البلطيق
Nordmeer (n)	baḥr el nerwīg (m)	بحر النرويج

79. Berge

Berg (m)	gabal (m)	جبل
Gebirgskette (f)	selselet gebāl (f)	سلسلة جبال
Bergrücken (m)	notūʾ el gabal (m)	نتوء الجبل
Gipfel (m)	qemma (f)	قمّة
Spitze (f)	qemma (f)	قمّة
Bergfuß (m)	asfal (m)	أسفل
Abhang (m)	monḥadar (m)	منحدر
Vulkan (m)	borkān (m)	بركان
tätiger Vulkan (m)	borkān naʃeṭ (m)	بركان نشط
schlafender Vulkan (m)	borkān χāmed (m)	بركان خامد
Ausbruch (m)	sawarān (m)	ثوّران
Krater (m)	fawhet el borkān (f)	فوهة البركان
Magma (n)	magma (f)	ماجما
Lava (f)	ḥomam borkāniya (pl)	حمم بركانية
glühend heiß (-e Lava)	monṣahera	منصهرة
Cañon (m)	wādy ḍayeʾ (m)	وادي ضيّق
Schlucht (f)	mamarr ḍayeʾ (m)	ممرّ ضيّق
Spalte (f)	ʃaʾʾ (m)	شقّ
Abgrund (m) (steiler ~)	hāwya (f)	هاوية

Gebirgspass (m)	mamarr gabaly (m)	ممرّ جبلي
Plateau (n)	haḍaba (f)	هضبة
Fels (m)	garf (m)	جرف
Hügel (m)	tall (m)	تلّ
Gletscher (m)	nahr galīdy (m)	نهر جليدي
Wasserfall (m)	ʃallāl (m)	شلاّل
Geiser (m)	nabʿ maya ḥāra (m)	نبع ميّة حارة
See (m)	boḥeyra (f)	بحيرة
Ebene (f)	sahl (m)	سهل
Landschaft (f)	manzar ṭabeeʿy (m)	منظر طبيعي
Echo (n)	ṣada (m)	صدى
Bergsteiger (m)	motasalleq el gebāl (m)	متسلّق الجبال
Kletterer (m)	motasalleq ṣoχūr (m)	متسلّق صخور
bezwingen (vt)	taɣallab ʿala	تغلّب على
Aufstieg (m)	tasalloq (m)	تسلّق

80. Namen der Berge

Alpen (pl)	gebāl el alb (pl)	جبال الألب
Montblanc (m)	mōn blōn (m)	مون بلون
Pyrenäen (pl)	gebāl el barānes (pl)	جبال البرانس
Karpaten (pl)	gebāl el karbāt (pl)	جبال الكاربات
Uralgebirge (n)	gebāl el urāl (pl)	جبال الأورال
Kaukasus (m)	gebāl el qoqāz (pl)	جبال القوقاز
Elbrus (m)	gabal elbrus (m)	جبل إلبروس
Altai (m)	gebāl altāy (pl)	جبال ألتاي
Tian Shan (m)	gebāl tian ʃan (pl)	جبال تيان شان
Pamir (m)	gebāl bamir (pl)	جبال بامير
Himalaja (m)	himalāya (pl)	هيمالايا
Everest (m)	gabal everest (m)	جبل افرست
Anden (pl)	gebāl el andīz (pl)	جبال الأنديز
Kilimandscharo (m)	gabal kilimanʒaro (m)	جبل كليمنجارو

81. Flüsse

Fluss (m)	nahr (m)	نهر
Quelle (f)	ʿeyn (m)	عين
Flussbett (n)	magra el nahr (m)	مجرى النهر
Stromgebiet (n)	ḥoḍe (m)	حوض
einmünden in …	ṣabb fe …	صبّ في…
Nebenfluss (m)	rāfed (m)	رافد
Ufer (n)	ḍaffa (f)	ضفّة

Strom (m)	tayār (m)	تيّار
stromabwärts	maʿ ettigāh magra el nahr	مع إتّجاه مجرى النهر
stromaufwärts	ḍed el tayār	ضد التيار
Überschwemmung (f)	ɣamr (m)	غمر
Hochwasser (n)	fayaḍān (m)	فيضان
aus den Ufern treten	fāḍ	فاض
überfluten (vt)	ɣamar	غمر
Sandbank (f)	meyāh ḍaḥla (f)	مياه ضحلة
Stromschnelle (f)	monḥadar el nahr (m)	منحدر النهر
Damm (m)	sadd (m)	سدّ
Kanal (m)	qanah (f)	قناة
Stausee (m)	χazzān mā'y (m)	خزّان مائي
Schleuse (f)	bawwāba qanṭara (f)	بوّابة قنطرة
Gewässer (n)	berka (f)	بركة
Sumpf (m), Moor (n)	mostanqaʿ (m)	مستنقع
Marsch (f)	mostanqaʿ (m)	مستنقع
Strudel (m)	dawwāma (f)	دوّامة
Bach (m)	gadwal (m)	جدوَل
Trink- (z.B. Trinkwasser)	el ʃorb	الشرب
Süß- (Wasser)	ʿazb	عذب
Eis (n)	galīd (m)	جليد
zufrieren (vi)	etgammed	إتجمّد

82. Namen der Flüsse

Seine (f)	el seyn (m)	السين
Loire (f)	el lua:r (m)	اللوار
Themse (f)	el teymz (m)	التيمز
Rhein (m)	el rayn (m)	الراين
Donau (f)	el danūb (m)	الدانوب
Wolga (f)	el volga (m)	الفولغا
Don (m)	el done (m)	الدون
Lena (f)	lena (m)	لينا
Gelber Fluss (m)	el nahr el aṣfar (m)	النهر الأصفر
Jangtse (m)	el yangesty (m)	اليانغستي
Mekong (m)	el mekong (m)	الميكونغ
Ganges (m)	el ɣang (m)	الغانج
Nil (m)	el nīl (m)	النيل
Kongo (m)	el kongo (m)	الكونغو
Okavango (m)	okavango (m)	أوكافانجو

Sambesi (m)	el zambizi (m)	الزمبيزي
Limpopo (m)	limbobo (m)	ليمبوبو
Mississippi (m)	el mississibbi (m)	الميسيسيبي

83. Wald

Wald (m)	ɣāba (f)	غابة
Wald-	ɣāba	غابة
Dickicht (n)	ɣāba kasīfa (f)	غابة كثيفة
Gehölz (n)	bostān (m)	بستان
Lichtung (f)	ezālet el ɣābāt (f)	إزالة الغابات
Dickicht (n)	agama (f)	أجمة
Gebüsch (n)	arāḍy el ʃogayrāt (pl)	أراضي الشجيرات
Fußweg (m)	mamarr (m)	ممرّ
Erosionsrinne (f)	wādy ḍaye' (m)	وادي ضيّق
Baum (m)	ʃagara (f)	شجرة
Blatt (n)	wara'a (f)	ورقة
Laub (n)	wara' (m)	ورق
Laubfall (m)	tasā'oṭ el awrā' (m)	تساقط الأوراق
fallen (Blätter)	saqaṭ	سقط
Wipfel (m)	ra's (m)	رأس
Zweig (m)	ɣoṣn (m)	غصن
Ast (m)	ɣoṣn ra'īsy (m)	غصن رئيسي
Knospe (f)	bor'om (m)	برعم
Nadel (f)	ʃawka (f)	شوكة
Zapfen (m)	kūz el ṣnowbar (m)	كوز الصنوبر
Höhlung (f)	gofe (m)	جوف
Nest (n)	'eʃ (m)	عشّ
Höhle (f)	goḥr (m)	جحر
Stamm (m)	gez' (m)	جذع
Wurzel (f)	gezr (m)	جذر
Rinde (f)	leḥā' (m)	لحاء
Moos (n)	ṭaḥlab (m)	طحلب
entwurzeln (vt)	eqtala'	إقتلع
fällen (vt)	'aṭṭa'	قطّع
abholzen (vt)	azāl el ɣabāt	أزال الغابات
Baumstumpf (m)	gez' el ʃagara (m)	جذع الشجرة
Lagerfeuer (n)	nār moχayem (m)	نار مخيّم
Waldbrand (m)	ḥarī' ɣāba (m)	حريق غابة
löschen (vt)	ṭaffa	طفّى

Förster (m)	ḥāres el ɣāba (m)	حارس الغابة
Schutz (m)	ḥemāya (f)	حماية
beschützen (vt)	ḥama	حمى
Wilddieb (m)	sāreʾ el ṣeyd (m)	سارق الصيد
Falle (f)	maṣyada (f)	مصيدة
sammeln, pflücken (vt)	gammaʿ	جمّع
sich verirren	tāh	تاه

84. natürliche Lebensgrundlagen

Naturressourcen (pl)	sarawāt ṭabiʿiya (pl)	ثروات طبيعيّة
Bodenschätze (pl)	maʿāden (pl)	معادن
Vorkommen (n)	rawāseb (pl)	رواسب
Feld (Ölfeld usw.)	ḥaql (m)	حقل
gewinnen (vt)	estaχrag	إستخرج
Gewinnung (f)	esteχrāg (m)	إستخراج
Erz (n)	χām (m)	خام
Bergwerk (n)	mangam (m)	منجم
Schacht (m)	mangam (m)	منجم
Bergarbeiter (m)	ʿāmel mangam (m)	عامل منجم
Erdgas (n)	ɣāz (m)	غاز
Gasleitung (f)	χaṭṭ anabīb ɣāz (m)	خطّ أنابيب غاز
Erdöl (n)	nafṭ (m)	نفط
Erdölleitung (f)	anabīb el nafṭ (pl)	أنابيب النفط
Ölquelle (f)	bīr el nafṭ (m)	بير النفط
Bohrturm (m)	ḥaffāra (f)	حفّارة
Tanker (m)	nāqelet betrūl (f)	ناقلة بترول
Sand (m)	raml (m)	رمل
Kalkstein (m)	ḥagar el kals (m)	حجر الكلس
Kies (m)	ḥaṣa (m)	حصى
Torf (m)	χaθ faḥm nabāty (m)	خث فحم نباتي
Ton (m)	ṭīn (m)	طين
Kohle (f)	faḥm (m)	فحم
Eisen (n)	ḥadīd (m)	حديد
Gold (n)	dahab (m)	ذهب
Silber (n)	faḍḍa (f)	فضّة
Nickel (n)	nikel (m)	نيكل
Kupfer (n)	neḥās (m)	نحاس
Zink (n)	zink (m)	زنك
Mangan (n)	manganīz (m)	منجنيز
Quecksilber (n)	zeʾbaq (m)	زئبق
Blei (n)	roṣāṣ (m)	رصاص
Mineral (n)	maʿdan (m)	معدن

Kristall (m)	kristāl (m)	كريستال
Marmor (m)	roχām (m)	رخام
Uran (n)	yuranuim (m)	يورانيوم

85. Wetter

Wetter (n)	ṭa'ṣ (m)	طقس
Wetterbericht (m)	naʃra gawiya (f)	نشرة جويّة
Temperatur (f)	ḥarāra (f)	حرارة
Thermometer (n)	termometr (m)	ترمومتر
Barometer (n)	barometr (m)	بارومتر
feucht	roṭob	رطب
Feuchtigkeit (f)	roṭūba (f)	رطوبة
Hitze (f)	ḥarāra (f)	حرارة
glutheiß	ḥarr	حارّ
ist heiß	el gaww ḥarr	الجّو حرّ
ist warm	el gaww dafa	الجوّ دفا
warm (Adj)	dāfe'	دافئ
ist kalt	el gaww bāred	الجوّ بارد
kalt (Adj)	bāred	بارد
Sonne (f)	ʃams (f)	شمس
scheinen (vi)	nawwar	نوّر
sonnig (Adj)	moʃmes	مشمس
aufgehen (vi)	ʃara'	شرق
untergehen (vi)	ɣarab	غرب
Wolke (f)	saḥāba (f)	سحابة
bewölkt, wolkig	meɣayem	مغيّم
Regenwolke (f)	saḥābet maṭar (f)	سحابة مطر
trüb (-er Tag)	meɣayem	مغيّم
Regen (m)	maṭar (m)	مطر
Es regnet	el donia betmaṭṭar	الدنيا بتمطّر
regnerisch (-er Tag)	momṭer	ممطر
nieseln (vi)	maṭṭaret razāz	مطّرت رذاذ
strömender Regen (m)	maṭar monhamer (f)	مطر منهمر
Regenschauer (m)	maṭar ɣazīr (m)	مطر غزير
stark (-er Regen)	ʃedīd	شديد
Pfütze (f)	berka (f)	بركة
nass werden (vi)	ettbal	إتّبل
Nebel (m)	ʃabbūra (f)	شبّورة
neblig (-er Tag)	fih ʃabbūra	فيه شبّورة
Schnee (m)	talg (m)	ثلج
Es schneit	fih talg	فيه ثلج

86. Unwetter Naturkatastrophen

Gewitter (n)	ʿāṣefa raʿdiya (f)	عاصفة رعدية
Blitz (m)	barʾ (m)	برق
blitzen (vi)	baraq	برق
Donner (m)	raʿd (m)	رعد
donnern (vi)	dawa	دوّى
Es donnert	el samāʾ dawat raʿd (f)	السماء دوّت رعد
Hagel (m)	maṭar bard (m)	مطر برد
Es hagelt	maṭṭaret bard	مطّرت برد
überfluten (vt)	ɣamar	غمر
Überschwemmung (f)	fayaḍān (m)	فيضان
Erdbeben (n)	zelzāl (m)	زلزال
Erschütterung (f)	hazza arḍiya (f)	هزّة أرضية
Epizentrum (n)	markaz el zelzāl (m)	مركز الزلزال
Ausbruch (m)	sawarān (m)	ثوّران
Lava (f)	ḥomam borkāniya (pl)	حمم بركانية
Wirbelsturm (m), Tornado (m)	eʿṣār (m)	إعصار
Taifun (m)	tyfūn (m)	طوفان
Orkan (m)	eʿṣār (m)	إعصار
Sturm (m)	ʿāṣefa (f)	عاصفة
Tsunami (m)	tsunāmy (m)	تسونامي
Zyklon (m)	eʿṣār (m)	إعصار
Unwetter (n)	ṭaʾs sayeʾ (m)	طقس سئ
Brand (m)	ḥarīʾ (m)	حريق
Katastrophe (f)	karsa (f)	كارثة
Meteorit (m)	nayzek (m)	نيّزك
Lawine (f)	enheyār talgy (m)	إنهيار ثلجي
Schneelawine (f)	enheyār talgy (m)	إنهيار ثلجي
Schneegestöber (n)	ʿāṣefa talgiya (f)	عاصفة ثلجيّة
Schneesturm (m)	ʿāṣefa talgiya (f)	عاصفة ثلجيّة

FAUNA

T&P Books Publishing

87. Säugetiere. Raubtiere

Raubtier (n)	moftares (m)	مفترس
Tiger (m)	nemr (m)	نمر
Löwe (m)	asad (m)	أسد
Wolf (m)	ze'b (m)	ذئب
Fuchs (m)	taʿlab (m)	ثعلب
Jaguar (m)	nemr amrīky (m)	نمر أمريكي
Leopard (m)	fahd (m)	فهد
Gepard (m)	fahd ṣayād (m)	فهد صيّاد
Panther (m)	nemr aswad (m)	نمر أسوّد
Puma (m)	asad el gebāl (m)	أسد الجبال
Schneeleopard (m)	nemr el tolūg (m)	نمر الثلوج
Luchs (m)	waʃaq (m)	وشق
Kojote (m)	qayūṭ (m)	قيوط
Schakal (m)	ebn 'āwy (m)	ابن آوى
Hyäne (f)	ḍebʿ (m)	ضبع

88. Tiere in freier Wildbahn

Tier (n)	ḥayawān (m)	حيوان
Bestie (f)	waḥʃ (m)	وحش
Eichhörnchen (n)	sengāb (m)	سنجاب
Igel (m)	qonfoz (m)	قنفذ
Hase (m)	arnab barry (m)	أرنب برّي
Kaninchen (n)	arnab (m)	أرنب
Dachs (m)	ɣarīr (m)	غرير
Waschbär (m)	rakun (m)	راكون
Hamster (m)	hamster (m)	هامستر
Murmeltier (n)	marmoṭ (m)	مرموط
Maulwurf (m)	χold (m)	خلد
Maus (f)	fār (m)	فأر
Ratte (f)	gerz (m)	جرذ
Fledermaus (f)	χoffāʃ (m)	خفّاش
Hermelin (n)	qāqem (m)	قاقِم
Zobel (m)	sammūr (m)	سمّور
Marder (m)	fara'īāt (m)	فرائيات

Wiesel (n)	ebn ʿers (m)	ابن عرس
Nerz (m)	mink (m)	منك
Biber (m)	qondos (m)	قندس
Fischotter (m)	taʿlab maya (m)	ثعلب الميّة
Pferd (n)	ḥoṣān (m)	حصان
Elch (m)	eyl el mūz (m)	أيّل الموظ
Hirsch (m)	ayl (m)	أيل
Kamel (n)	gamal (m)	جمل
Bison (m)	bison (m)	بيسون
Wisent (m)	byson orobby (m)	بيسون أوروبي
Büffel (m)	gamūs (m)	جاموس
Zebra (n)	ḥomār waḥʃy (m)	حمار وحشي
Antilope (f)	ẓaby (m)	ظبي
Reh (n)	yaḥmūr orobby (m)	يحمورأوروبيّ
Damhirsch (m)	eyl asmar orobby (m)	أيّل أسمر أوروبي
Gämse (f)	ʃamwah (f)	شامواه
Wildschwein (n)	χenzīr barry (m)	خنزير برّي
Wal (m)	ḥūt (m)	حوت
Seehund (m)	foqma (f)	فقمة
Walroß (n)	el kabʿ (m)	الكبع
Seebär (m)	foqmet el farāʾ (f)	فقمة الفراء
Delfin (m)	dolfīn (m)	دولفين
Bär (m)	dobb (m)	دبّ
Eisbär (m)	dobb ʾoṭṭby (m)	دبّ قطبي
Panda (m)	banda (m)	باندا
Affe (m)	ʾerd (m)	قرد
Schimpanse (m)	ʃimbanzy (m)	شيمبانزي
Orang-Utan (m)	orangutan (m)	أورنغوتان
Gorilla (m)	ɣorella (f)	غوريلا
Makak (m)	ʾerd el makāk (m)	قرد المكاك
Gibbon (m)	gibbon (m)	جيبون
Elefant (m)	fīl (m)	فيل
Nashorn (n)	χartīt (m)	خرتيت
Giraffe (f)	zarāfa (f)	زرافة
Flusspferd (n)	faras el nahr (m)	فرس النهر
Känguru (n)	kangarū (m)	كانجّارو
Koala (m)	el koala (m)	الكوالا
Manguste (f)	nems (m)	نمس
Chinchilla (n)	ʃenʃila (f)	شنشيلة
Stinktier (n)	ẓerbān (m)	ظربان
Stachelschwein (n)	nīṣ (m)	نيص

89. Haustiere

Katze (f)	ʼoṭṭa (f)	قطّة
Kater (m)	ʼoṭṭ (m)	قطّ
Hund (m)	kalb (m)	كلب
Pferd (n)	ḥoṣān (m)	حصان
Hengst (m)	χeyl faḥl (m)	خيل فحل
Stute (f)	faras (f)	فرس
Kuh (f)	baʼara (f)	بقرة
Stier (m)	sore (m)	ثور
Ochse (m)	sore (m)	ثور
Schaf (n)	χarūf (f)	خروف
Widder (m)	kebʃ (m)	كبش
Ziege (f)	meʿza (f)	معزة
Ziegenbock (m)	māʿez zakar (m)	ماعز ذكر
Esel (m)	ḥomār (m)	حمار
Maultier (n)	baɣl (m)	بغل
Schwein (n)	χenzīr (m)	خنزير
Ferkel (n)	χannūṣ (m)	خنّوص
Kaninchen (n)	arnab (m)	أرنب
Huhn (n)	farχa (f)	فرخة
Hahn (m)	dīk (m)	ديك
Ente (f)	baṭṭa (f)	بطّة
Enterich (m)	dakar el baṭṭ (m)	ذكر البط
Gans (f)	wezza (f)	وزّة
Puter (m)	dīk rūmy (m)	ديك رومي
Pute (f)	dīk rūmy (m)	ديك رومي
Haustiere (pl)	ḥayawānāt dawāgen (pl)	حيوانات دواجن
zahm	alīf	أليف
zähmen (vt)	rawweḍ	روّض
züchten (vt)	rabba	ربّى
Farm (f)	mazraʿa (f)	مزرعة
Geflügel (n)	dawāgen (pl)	دواجن
Vieh (n)	māʃeya (f)	ماشية
Herde (f)	qaṭeeʿ (m)	قطيع
Pferdestall (m)	esṭabl χeyl (m)	إسطبل خيل
Schweinestall (m)	ḥazīret χanazīr (f)	حظيرة الخنازير
Kuhstall (m)	zerībet el baʼar (f)	زريبة البقر
Kaninchenstall (m)	qan el arāneb (m)	قن الأرانب
Hühnerstall (m)	qan el ferāχ (m)	قن الفراخ

90. Vögel

Vogel (m)	ṭā'er (m)	طائر
Taube (f)	ḥamāma (f)	حمامة
Spatz (m)	ʿaṣfūr dawri (m)	عصفور دوري
Meise (f)	qarqaf (m)	قرقف
Elster (f)	ʿaʾʿaʾ (m)	عقعق
Rabe (m)	ɣorāb aswad (m)	غراب أسود
Krähe (f)	ɣorāb (m)	غراب
Dohle (f)	zāɣ zarʿy (m)	زاغ زرعي
Saatkrähe (f)	ɣorāb el qeyẓ (m)	غراب القيظ
Ente (f)	baṭṭa (f)	بطّة
Gans (f)	wezza (f)	وزّة
Fasan (m)	tadarrog (m)	تدرج
Adler (m)	ʿeqāb (m)	عقاب
Habicht (m)	el bāz (m)	الباز
Falke (m)	ṣaʾr (m)	صقر
Greif (m)	nesr (m)	نسر
Kondor (m)	kondor (m)	كندور
Schwan (m)	el temm (m)	التّم
Kranich (m)	karkiya (m)	كركية
Storch (m)	loqloq (m)	لقلق
Papagei (m)	babaɣāʾ (m)	ببغاء
Kolibri (m)	ṭannān (m)	طنّان
Pfau (m)	ṭawūs (m)	طاووس
Strauß (m)	naʿāma (f)	نعامة
Reiher (m)	belʃone (m)	بلشون
Flamingo (m)	flamingo (m)	فلامينجو
Pelikan (m)	bagʿa (f)	بجعة
Nachtigall (f)	ʿandalīb (m)	عندليب
Schwalbe (f)	el sonūnū (m)	السنونو
Drossel (f)	somnet el ḥoqūl (m)	سمنة الحقول
Singdrossel (f)	somna moɣarreda (m)	سمنة مغرّدة
Amsel (f)	ʃaḥrūr aswad (m)	شحرور أسود
Segler (m)	semmāma (m)	سمّامة
Lerche (f)	qabra (f)	قبرة
Wachtel (f)	semmān (m)	سمّان
Specht (m)	naʾār el χaʃab (m)	نقار الخشب
Kuckuck (m)	weqwāq (m)	وقواق
Eule (f)	būma (f)	بومة
Uhu (m)	būm orāsy (m)	بوم أوراسي

Auerhahn (m)	dīk el χalang (m)	ديك الخلنج
Birkhahn (m)	ṭyhūg aswad (m)	طيهوج أسود
Rebhuhn (n)	el ḥagal (m)	الحجل
Star (m)	zerzūr (m)	زرزور
Kanarienvogel (m)	kanāry (m)	كناري
Haselhuhn (n)	ṭyhūg el bondo' (m)	طيهوج البندق
Buchfink (m)	ʃarʃūr (m)	شرشور
Gimpel (m)	deɣnāʃ (m)	دغناش
Möwe (f)	nawras (m)	نورس
Albatros (m)	el qoṭros (m)	القطرس
Pinguin (m)	beṭrīq (m)	بطريق

91. Fische. Meerestiere

Brachse (f)	abramīs (m)	أبراميس
Karpfen (m)	ʃabbūṭ (m)	شبّوط
Barsch (m)	farχ (m)	فرخ
Wels (m)	'armūṭ (m)	قرموط
Hecht (m)	karāky (m)	كراكي
Lachs (m)	salamon (m)	سلمون
Stör (m)	ḥafʃ (m)	حفش
Hering (m)	renga (f)	رنجة
atlantische Lachs (m)	salamon aṭlasy (m)	سلمون أطلسي
Makrele (f)	makerel (m)	ماكريل
Scholle (f)	samak mefalṭah (f)	سمك مفلطح
Zander (m)	samak sandar (m)	سمك سندر
Dorsch (m)	el qadd (m)	القد
Tunfisch (m)	tuna (f)	تونة
Forelle (f)	salamon mera''aṭ (m)	سلمون مرقّط
Aal (m)	ḥankalīs (m)	حنكليس
Zitterrochen (m)	ra'ʿād (m)	رعاد
Muräne (f)	moraya (f)	مورايية
Piranha (m)	bīrana (f)	بيرانا
Hai (m)	'erʃ (m)	قرش
Delfin (m)	dolfīn (m)	دولفين
Wal (m)	ḥūt (m)	حوت
Krabbe (f)	kaboria (m)	كابوريا
Meduse (f)	'andīl el baḥr (m)	قنديل البحر
Krake (m)	aχṭabūṭ (m)	أخطبوط
Seestern (m)	negmet el baḥr (f)	نجمة البحر
Seeigel (m)	qonfoz el baḥr (m)	قنفذ البحر

Seepferdchen (n)	ḥoṣān el baḥr (m)	حصان البحر
Auster (f)	maḥār (m)	محار
Garnele (f)	gammbary (m)	جمّبري
Hummer (m)	estakoza (f)	استكوزا
Languste (f)	estakoza (m)	استاكوزا

92. Amphibien Reptilien

Schlange (f)	teʿbān (m)	ثعبان
Gift-, giftig	sām	سام
Viper (f)	afʿa (f)	أفعى
Kobra (f)	kobra (m)	كوبرا
Python (m)	teʿbān byton (m)	ثعبان بايثون
Boa (f)	bawāʾ el ʿaṣera (f)	بواء العاصرة
Ringelnatter (f)	teʿbān el ʿoʃb (m)	ثعبان العشب
Klapperschlange (f)	afʿa megalgela (f)	أفعى مجلجلة
Anakonda (f)	anakonda (f)	أناكوندا
Eidechse (f)	seḥliya (f)	سحليّة
Leguan (m)	eɣwana (f)	إغوانة
Waran (m)	warl (m)	ورل
Salamander (m)	salamander (m)	سلمندر
Chamäleon (n)	ḥerbāya (f)	حرباية
Skorpion (m)	ʿaʾrab (m)	عقرب
Schildkröte (f)	solḥefah (f)	سلحفاة
Frosch (m)	ḍeffḍaʿ (m)	ضفدع
Kröte (f)	ḍeffḍaʿ el ṭeyn (m)	ضفدع الطين
Krokodil (n)	temsāḥ (m)	تمساح

93. Insekten

Insekt (n)	ḥaʃara (f)	حشرة
Schmetterling (m)	farāʃa (f)	فراشة
Ameise (f)	namla (f)	نملة
Fliege (f)	debbāna (f)	دبّانة
Mücke (f)	namūsa (f)	ناموسة
Käfer (m)	χonfesa (f)	خنفسة
Wespe (f)	dabbūr (m)	دبّور
Biene (f)	naḥla (f)	نحلة
Hummel (f)	naḥla ṭannāna (f)	نحلة طنّانة
Bremse (f)	naʿra (f)	نعرة
Spinne (f)	ʿankabūt (m)	عنكبوت
Spinnennetz (n)	nasīg ʿankabūt (m)	نسيج عنكبوت

Libelle (f)	yaʿsūb (m)	يعسوب
Grashüpfer (m)	garād (m)	جراد
Schmetterling (m)	ʿetta (f)	عتّة
Schabe (f)	ṣarṣūr (m)	صرصور
Zecke (f)	qarāda (f)	قرادة
Floh (m)	baryūt (m)	برغوث
Kriebelmücke (f)	baʿūḍa (f)	بعوضة
Heuschrecke (f)	garād (m)	جراد
Schnecke (f)	ḥalazōn (m)	حلزون
Heimchen (n)	ṣarṣūr el ḥaql (m)	صرصور الحقل
Leuchtkäfer (m)	yarāʿa (f)	يراعة
Marienkäfer (m)	χonfesa menaʾṭṭa (f)	خنفسة منقّطة
Maikäfer (m)	χonfesa motlefa lel nabāt (f)	خنفسة متّلفة للنبات
Blutegel (m)	ʿalaqa (f)	علقة
Raupe (f)	yasrūʿ (m)	يسروع
Wurm (m)	dūda (f)	دودة
Larve (f)	yaraqa (f)	يرقة

FLORA

T&P Books Publishing

94. Bäume

Baum (m)	ʃagara (f)	شجرة
Laub-	nafḍiya	نفضيّة
Nadel-	ṣonoberiya	صنوبرية
immergrün	dā'emet el χoḍra	دائمة الخضرة
Apfelbaum (m)	ʃagaret toffāḥ (f)	شجرة تفّاح
Birnbaum (m)	ʃagaret komettra (f)	شجرة كمثّرى
Kirschbaum (m)	ʃagaret karaz (f)	شجرة كرز
Pflaumenbaum (m)	ʃagaret bar'ū' (f)	شجرة برقوق
Birke (f)	batola (f)	بتولا
Eiche (f)	ballūṭ (f)	بلّوط
Linde (f)	zayzafūn (f)	زيزفون
Espe (f)	ḥūr rāgef	حور راجف
Ahorn (m)	qayqab (f)	قيقب
Fichte (f)	rateng (f)	راتينج
Kiefer (f)	ṣonober (f)	صنوبر
Lärche (f)	arziya (f)	أرزية
Tanne (f)	tanūb (f)	تنوب
Zeder (f)	el orz (f)	الأرز
Pappel (f)	ḥūr (f)	حور
Vogelbeerbaum (m)	ɣobayrā' (f)	غبيراء
Weide (f)	ṣefsāf (f)	صفصاف
Erle (f)	gār el mā' (m)	جار الماء
Buche (f)	el zān (f)	الزان
Ulme (f)	derdar (f)	دردار
Esche (f)	marān (f)	مران
Kastanie (f)	kastanā' (f)	كستناء
Magnolie (f)	maɣnolia (f)	ماغنوليا
Palme (f)	naχla (f)	نخلة
Zypresse (f)	el soro (f)	السرو
Mangrovenbaum (m)	mangrūf (f)	مانجروف
Baobab (m)	baobab (f)	باوباب
Eukalyptus (m)	eukalyptus (f)	أوكالبتوس
Mammutbaum (m)	sequoia (f)	سيكويا

95. Büsche

Strauch (m)	ʃogeyra (f)	شجيرة
Gebüsch (n)	ʃogayrāt (pl)	شجيرات
Weinstock (m)	karma (f)	كرمة
Weinberg (m)	karam (m)	كرم
Himbeerstrauch (m)	zarʿet tūt el ʿalīʾ el aḥmar (f)	زرعة توت العليق الأحمر
rote Johannisbeere (f)	keʃmeʃ aḥmar (m)	كشمش أحمر
Stachelbeerstrauch (m)	ʿenab el saʿlab (m)	عنب الثعلب
Akazie (f)	aqaqia (f)	أقاقيا
Berberitze (f)	berbarīs (m)	برباريس
Jasmin (m)	yasmīn (m)	ياسمين
Wacholder (m)	ʿarʿar (m)	عرعر
Rosenstrauch (m)	ʃogeyret ward (f)	شجيرة ورد
Heckenrose (f)	ward el seyāg (pl)	ورد السياج

96. Obst. Beeren

Frucht (f)	tamra (f)	تمرة
Früchte (pl)	tamr (m)	تمر
Apfel (m)	toffāḥa (f)	تفّاحة
Birne (f)	komettra (f)	كمّثرى
Pflaume (f)	barʾūʾ (m)	برقوق
Erdbeere (f)	farawla (f)	فراولة
Kirsche (f)	karaz (m)	كرز
Weintrauben (pl)	ʿenab (m)	عنب
Himbeere (f)	tūt el ʿalīʾ el aḥmar (m)	توت العليق الأحمر
schwarze Johannisbeere (f)	keʃmeʃ aswad (m)	كشمش أسود
rote Johannisbeere (f)	keʃmeʃ aḥmar (m)	كشمش أحمر
Stachelbeere (f)	ʿenab el saʿlab (m)	عنب الثعلب
Moosbeere (f)	ʿenabiya ḥāda el χebāʾ (m)	عنبية حادة الخباء
Apfelsine (f)	bortoqāl (m)	برتقال
Mandarine (f)	yosfy (m)	يوسفي
Ananas (f)	ananās (m)	أناناس
Banane (f)	moze (m)	موز
Dattel (f)	tamr (m)	تمر
Zitrone (f)	lymūn (m)	ليمون
Aprikose (f)	meʃmeʃ (f)	مشمش
Pfirsich (m)	χawχa (f)	خوخة
Kiwi (f)	kiwi (m)	كيوي

Grapefruit (f)	grabe frūt (m)	جريب فروت
Beere (f)	tūt (m)	توت
Beeren (pl)	tūt (pl)	توت
Preiselbeere (f)	ʻenab el sore (m)	عنب الثور
Walderdbeere (f)	farawla barriya (f)	فراولة بريّة
Heidelbeere (f)	ʻenab al aḥrāg (m)	عنب الأحراج

97. Blumen. Pflanzen

Blume (f)	zahra (f)	زهرة
Blumenstrauß (m)	bokeyh (f)	بوكيه
Rose (f)	warda (f)	وردة
Tulpe (f)	tolīb (f)	توليب
Nelke (f)	ʼoronfol (m)	قرنفل
Gladiole (f)	el dalbūs (f)	الدَلَبُوثُ
Kornblume (f)	qanṭeryūn ʻanbary (m)	قنطريون عنبري
Glockenblume (f)	garīs mostadīr el awrāʼ (m)	جريس مستدير الأوراق
Löwenzahn (m)	handabāʼ (f)	هندباء
Kamille (f)	kamomile (f)	كاموميل
Aloe (f)	el alowa (m)	الألوّة
Kaktus (m)	ṣabbār (m)	صبّار
Gummibaum (m)	faykas (m)	فيّكس
Lilie (f)	zanbaq (f)	زنبق
Geranie (f)	ɣarnūqy (f)	غرنوقي
Hyazinthe (f)	el lavender (f)	اللافندر
Mimose (f)	mimoza (f)	ميموزا
Narzisse (f)	nerges (f)	نرجس
Kapuzinerkresse (f)	abo χangar (f)	أبو خنجر
Orchidee (f)	orkid (f)	أوركيد
Pfingstrose (f)	fawnia (f)	فاوانيا
Veilchen (n)	el banafseg (f)	البنفسج
Stiefmütterchen (n)	bansy (f)	بانسي
Vergissmeinnicht (n)	ʼāzān el faʼr (pl)	آذان الفأر
Gänseblümchen (n)	aqwaḥān (f)	أقحوان
Mohn (m)	el χoʃχāʃ (f)	الخشخاش
Hanf (m)	qanb (m)	قنب
Minze (f)	neʻnāʻ (m)	نعناع
Maiglöckchen (n)	zanbaq el wādy (f)	زنبق الوادي
Schneeglöckchen (n)	zahrat el laban (f)	زهرة اللبن
Brennnessel (f)	ʼarrāṣ (m)	قرّاص
Sauerampfer (m)	ḥammāḍ bostāny (m)	حمّاض بستاني

Seerose (f)	niloferiya (f)	نيلوفرية
Farn (m)	sarɣas (m)	سرخس
Flechte (f)	aʃna (f)	أشنة
Gewächshaus (n)	ṣoba (f)	صوبة
Rasen (m)	ʿoʃb axḍar (m)	عشب أخضر
Blumenbeet (n)	geneynet zohūr (f)	جنينة زهور
Pflanze (f)	nabāt (m)	نبات
Gras (n)	ʿoʃb (m)	عشب
Grashalm (m)	ʿoʃba (f)	عشبة
Blatt (n)	wara'a (f)	ورقة
Blütenblatt (n)	wara'et el zahra (f)	ورقة الزهرة
Stiel (m)	sāq (f)	ساق
Knolle (f)	darna (f)	درنة
Jungpflanze (f)	nabta saɣīra (f)	نبتة صغيرة
Dorn (m)	ʃawka (f)	شوكة
blühen (vi)	fattaḥet	فتّحت
welken (vi)	debel	ذبل
Geruch (m)	rīḥa (f)	ريحة
abschneiden (vt)	'aṭaʿ	قطع
pflücken (vt)	'aṭaf	قطف

98. Getreide, Körner

Getreide (n)	ḥobūb (pl)	حبوب
Getreidepflanzen (pl)	maḥaṣīl el ḥubūb (pl)	محاصيل الحبوب
Ähre (f)	sonbola (f)	سنبلة
Weizen (m)	'amḥ (m)	قمح
Roggen (m)	ʃelm mazrūʿ (m)	شيلم مزروع
Hafer (m)	ʃofān (m)	شوفان
Hirse (f)	el dexn (m)	الدُخن
Gerste (f)	ʃeʿīr (m)	شعير
Mais (m)	dora (f)	ذرة
Reis (m)	rozz (m)	رزّ
Buchweizen (m)	ḥanṭa soda' (f)	حنطة سوداء
Erbse (f)	besella (f)	بسلّة
weiße Bohne (f)	faṣolya (f)	فاصوليا
Sojabohne (f)	fūl el ṣoya (m)	فول الصويا
Linse (f)	ʿads (m)	عدس
Bohnen (pl)	fūl (m)	فول

LÄNDER DER WELT

T&P Books Publishing

99. Länder. Teil 1

Afghanistan	afɣanistan (f)	أفغانستان
Ägypten	maṣr (f)	مصر
Albanien	albānia (f)	ألبانيا
Argentinien	arʒantīn (f)	الأرجنتين
Armenien	armīnia (f)	أرمينيا
Aserbaidschan	azrabiʒān (m)	أذربيجان
Australien	ostorālya (f)	أستراليا
Bangladesch	bangladeʃ (f)	بنجلاديش
Belgien	balʒīka (f)	بلجيكا
Bolivien	bolivia (f)	بوليفيا
Bosnien und Herzegowina	el bosna wel harsek (f)	البوسنة والهرسك
Brasilien	el barazīl (f)	البرازيل
Bulgarien	bolɣāria (f)	بلغاريا
Chile	tʃīly (f)	تشيلي
China	el ṣīn (f)	الصين
Dänemark	el denmark (f)	الدنمارك
Deutschland	almānya (f)	ألمانيا
Die Bahamas	gozor el bahāmas (pl)	جزر البهاماس
Die Vereinigten Staaten	el welayāt el mottaḥda el amrīkiya (pl)	الولايات المتّحدة الأمريكيّة
Dominikanische Republik	gomhoriya el dominikan (f)	جمهوريّة الدومينيكان
Ecuador	el equador (f)	الإكوادور
England	engeltera (f)	إنجلترا
Estland	estūnia (f)	إستونيا
Finnland	finlanda (f)	فنلندا
Frankreich	faransa (f)	فرنسا
Französisch-Polynesien	bolenezia el faransiya (f)	بولينزيا الفرنسيّة
Georgien	ʒorʒia (f)	جورجيا
Ghana	ɣana (f)	غانا
Griechenland	el yunān (f)	اليونان
Großbritannien	briṭaniya el ʿozma (f)	بريطانيا العظمى
Haiti	haīti (f)	هايتي
Indien	el hend (f)	الهند
Indonesien	indonisya (f)	إندونيسيا
Irak	el ʿerāq (m)	العراق
Iran	iran (f)	إيران
Irland	irelanda (f)	أيرلندا
Island	ʾāyslanda (f)	آيسلندا
Israel	israʾīl (f)	إسرائيل
Italien	eṭālia (f)	إيطاليا

100. Länder. Teil 2

Jamaika	ʒamayka (f)	جامايكا
Japan	el yabān (f)	اليابان
Jordanien	el ordon (m)	الأردن
Kambodscha	kambodya (f)	كمبوديا
Kanada	kanada (f)	كندا
Kasachstan	kazaχistān (f)	كازاخستان
Kenia	kenya (f)	كينيا
Kirgisien	qirɣizestān (f)	قيرغيزستان
Kolumbien	kolombia (f)	كولومبيا
Kroatien	kroātya (f)	كرواتيا
Kuba	kūba (f)	كوبا
Kuwait	el kuweyt (f)	الكويت
Laos	laos (f)	لاوس
Lettland	latvia (f)	لاتفيا
Libanon (m)	lebnān (f)	لبنان
Libyen	libya (f)	ليبيا
Liechtenstein	liʃtenʃtayn (m)	ليشتنشتاين
Litauen	litwānia (f)	ليتوانيا
Luxemburg	luksemburg (f)	لوكسمبورج
Madagaskar	madaɣaʃkar (f)	مدغشقر
Makedonien	maqdūnia (f)	مقدونيا
Malaysia	malīzya (f)	ماليزيا
Malta	malṭa (f)	مالطا
Marokko	el maɣreb (m)	المغرب
Mexiko	el maksīk (f)	المكسيك
Moldawien	moldāvia (f)	مولدافيا
Monaco	monako (f)	موناكو
Mongolei (f)	manɣūlia (f)	منغوليا
Montenegro	el gabal el aswad (m)	الجبل الأسوَد
Myanmar	myanmar (f)	ميانمار
Namibia	namibia (f)	ناميبيا
Nepal	nebāl (f)	نيبال
Neuseeland	nyu zelanda (f)	نيوزيلنّدا
Niederlande (f)	holanda (f)	هولندا
Nordkorea	korea el ʃamāliya (f)	كوريا الشماليّة
Norwegen	el nerwīg (f)	النرويج
Österreich	el nemsa (f)	النمسا

101. Länder. Teil 3

Pakistan	bakistān (f)	باكستان
Palästina	felesṭīn (f)	فلسطين
Panama	banama (f)	بنما

Paraguay	baraguay (f)	باراجواي
Peru	beru (f)	بيرو
Polen	bolanda (f)	بولندا
Portugal	el bortoɣāl (f)	البرتغال
Republik Südafrika	afreqia el ganūbiya (f)	أفريقيا الجنوبيّة
Rumänien	romānia (f)	رومانيا
Russland	rūsya (f)	روسيا
Sansibar	zanʒibār (f)	زنجبار
Saudi-Arabien	el soʿodiya (f)	السعوديّة
Schottland	oskotlanda (f)	اسكتّلندا
Schweden	el sweyd (f)	السويد
Schweiz (f)	swesra (f)	سويسرا
Senegal	el senɣāl (f)	السنغال
Serbien	ṣerbia (f)	صربيا
Slowakei (f)	slovākia (f)	سلوفاكيا
Slowenien	slovenia (f)	سلوفينيا
Spanien	asbānya (f)	إسبانيا
Südkorea	korea el ganūbiya (f)	كوريا الجنوبيّة
Suriname	surinam (f)	سورينام
Syrien	soria (f)	سوريا
Tadschikistan	ṭaʒīkistan (f)	طاجيكستان
Taiwan	taywān (f)	تايوان
Tansania	tanznia (f)	تنزانيا
Tasmanien	tasmania (f)	تاسمانيا
Thailand	tayland (f)	تايلاند
Tschechien	gomhoriya el tʃīk (f)	جمهورية التشيك
Tunesien	tunis (f)	تونس
Türkei (f)	turkia (f)	تركيا
Turkmenistan	turkmānistān (f)	تركمانستان
Ukraine (f)	okrānia (f)	أوكرانيا
Ungarn	el magar (f)	المجر
Uruguay	uruguay (f)	أوروجواي
Usbekistan	uzbakistān (f)	أوزبكستان
Vatikan (m)	el vatikān (m)	الفاتيكان
Venezuela	venzweyla (f)	فنزويلا
Vereinigten Arabischen Emirate	el emārāt el ʿarabiya el mottaḥeda (pl)	الإمارات العربية المتَحدة
Vietnam	vietnām (f)	فيتنام
Weißrussland	belarūsia (f)	بيلاروسيا
Zypern	ʾobroṣ (f)	قبرص

T&P BOOKS

GASTRONOMISCHES WÖRTERBUCH

Dieser Teil beinhaltet viele Wörter und Begriffe im Zusammenhang mit Lebensmitteln.
Dieses Wörterbuch wird es einfacher für Sie machen, um das Menü in einem Restaurant zu verstehen und die richtige Speise zu wählen

Deutsch-Ägyptisch-Arabisch gastronomisches wörterbuch

Ähre (f)	sonbola (f)	سنبلة
Aal (m)	ḥankalīs (m)	حنكليس
Abendessen (n)	ʿaʃāʾ (m)	عشاء
alkoholfrei	men ɣeyr koḥūl	من غير كحول
alkoholfreies Getränk (n)	maʃrūb ɣāzy (m)	مشروب غازي
Ananas (f)	ananās (m)	أناناس
Anis (m)	yansūn (m)	ينسون
Aperitif (m)	ʃarāb (m)	شراب
Apfel (m)	toffāḥa (f)	تفّاحة
Apfelsine (f)	bortoqāl (m)	برتقال
Appetit (m)	ʃahiya (f)	شهيّة
Aprikose (f)	meʃmeʃ (f)	مشمش
Artischocke (f)	χarʃūf (m)	خرشوف
atlantische Lachs (m)	salamon aṭlasy (m)	سلمون أطلسي
Aubergine (f)	bātengān (m)	باذنجان
Auster (f)	maḥār (m)	محار
Avocado (f)	avokado (f)	افوكاتو
Banane (f)	moze (m)	موز
Bar (f)	bār (m)	بار
Barmixer (m)	bārman (m)	بارمان
Barsch (m)	farχ (m)	فرخ
Basilikum (n)	rīḥān (m)	ريحان
Beefsteak (n)	steak laḥm (m)	ستيك لحم
Beere (f)	tūt (m)	توت
Beeren (pl)	tūt (pl)	توت
Beigeschmack (m)	ṭaʿm ma baʿd el mazāq (m)	طعم ما بعد المذاق
Beilage (f)	ṭabaʾ gāneby (m)	طبق جانبي
belegtes Brot (n)	sandawitʃ (m)	ساندويتش
Bier (n)	bīra (f)	بيرة
Birkenpilz (m)	feṭr boleṭe (m)	فطر بوليط
Birne (f)	komettra (f)	كمّثرى
bitter	morr	مرّ
Blumenkohl (m)	ʾarnabıṭ (m)	قرنبيط
Bohnen (pl)	fūl (m)	فول
Bonbon (m, n)	bonbony (m)	بونبوني
Brühe (f), Bouillon (f)	maraʾa (m)	مرقة
Brachse (f)	abramīs (m)	أبراميس
Brei (m)	ʿaṣīda (f)	عصيدة
Brokkoli (m)	brokkoli (m)	بركولي
Brombeere (f)	tūt aswad (m)	توت أسود
Brot (n)	ʿeyʃ (m)	عيش
Buchweizen (m)	ḥanṭa sodaʾ (f)	حنطة سوداء
Butter (f)	zebda (f)	زبدة
Buttercreme (f)	krīmet zebda (f)	كريمة زبدة

Cappuccino (m)	kaputʃino (m)	كابتشينو
Champagner (m)	ʃambania (f)	شمبانيا
Cocktail (m)	koktayl (m)	كوكتيل
Dattel (f)	tamr (m)	تمر
Diät (f)	reʒīm (m)	رجيم
Dill (m)	ʃabat (m)	شبت
Dorsch (m)	samak el qadd (m)	سمك القد
Dosenöffner (m)	fattāḥa (f)	فتّاحة
Dunkelbier (n)	bīra ɣam'a (f)	بيرة غامقة
Ei (n)	beyḍa (f)	بيضة
Eier (pl)	beyḍ (m)	بيض
Eigelb (n)	ṣafār el beyḍ (m)	صفار البيض
Eis (n)	talg (m)	ثلج
Eis (n)	'ays krīm (m)	آيس كريم
Eiweiß (n)	bayāḍ el beyḍ (m)	بياض البيض
Ente (f)	baṭṭa (f)	بطّة
Erbse (f)	besella (f)	بسلّة
Erdbeere (f)	farawla (f)	فراولة
Erdnuss (f)	fūl sudāny (m)	فول سوداني
Erfrischungsgetränk (n)	ḥāga sa''a (f)	حاجة ساقعة
essbarer Pilz (m)	feṭr ṣāleḥ lel akl (m)	فطر صالح للأكل
Essen (n)	akl (m)	أكل
Essig (m)	χall (m)	خلّ
Esslöffel (m)	ma'la'a kebīra (f)	ملعقة كبيرة
Füllung (f)	ḥaʃwa (f)	حشوة
Feige (f)	tīn (m)	تين
Fett (n)	dohūn (pl)	دهون
Fisch (m)	samak (m)	سمك
Flaschenöffner (m)	fattāḥa (f)	فتّاحة
Fleisch (n)	laḥma (f)	لحمة
Fliegenpilz (m)	feṭr amanīt el ṭā'er (m)	فطر أمانيت الطائر
Forelle (f)	salamon mera''aṭ (m)	سلمون مرقّط
Früchte (pl)	tamr (m)	تمر
Frühstück (n)	foṭūr (m)	فطور
frisch gepresster Saft (m)	'aṣīr freʃ (m)	عصير فريش
Frucht (f)	faχa (f)	فاكهة
Gabel (f)	ʃawka (f)	شوكة
Gans (f)	wezza (f)	وزّة
Garnele (f)	gammbary (m)	جمّبري
gebraten	ma'ly	مقلي
gekocht	maslū'	مسلوق
Gemüse (n)	χoḍār (pl)	خضار
geräuchert	modakχen	مدخّن
Gericht (n)	wagba (f)	وجبة
Gerste (f)	ʃe'īr (m)	شعير
Geschmack (m)	ṭa'm (m)	طعم
Getreide (n)	ḥobūb (pl)	حبوب
Getreidepflanzen (pl)	maḥaṣīl el ḥubūb (pl)	محاصيل الحبوب
getrocknet	mogaffaf	مجفّف
Gewürz (n)	bahār (m)	بهار
Gewürz (n)	bahār (m)	بهار
Giftpilz (m)	feṭr sām (m)	فطر سام

Gin (m)	ʒin (m)	جين
Grüner Knollenblätterpilz (m)	feṭr amanīt falusyāny el sām (m)	فطر أمانيت فالوسياني السام
grüner Tee (m)	ʃāy aχḍar (m)	شاي أخضر
grünes Gemüse (pl)	χoḍrawāt waraqiya (pl)	خضروات ورقية
Grütze (f)	ḥobūb ʾamḥ (pl)	حبوب قمح
Granatapfel (m)	rommān (m)	رمان
Grapefruit (f)	grabe frūt (m)	جريب فروت
Gurke (f)	χeyār (m)	خيار
Guten Appetit!	bel hana wel ʃefa!	!بالهنا والشفا
Hühnerfleisch (n)	ferāχ (m)	فراخ
Hackfleisch (n)	hamburger (m)	هامبورجر
Hafer (m)	ʃofān (m)	شوفان
Hai (m)	ʾerʃ (m)	قرش
Hamburger (m)	hamburger (m)	هامبورجر
Hammelfleisch (n)	laḥm ḍāny (m)	لحم ضاني
Haselnuss (f)	bondoʾ (m)	بندق
Hecht (m)	samak el karāky (m)	سمك الكراكي
heiß	soχn	سخن
Heidelbeere (f)	ʿenab al aḥrāg (m)	عنب الأحراج
Heilbutt (m)	samak el halbūt (m)	سمك الهلبوت
Helles (n)	bīra χafīfa (f)	بيرة خفيفة
Hering (m)	renga (f)	رنجة
Himbeere (f)	tūt el ʿalīʾ el aḥmar (m)	توت العليق الأحمر
Hirse (f)	el deχn (m)	الدُخن
Honig (m)	ʿasal (m)	عسل
Ingwer (m)	zangabīl (m)	زنجبيل
Joghurt (m, f)	zabādy (m)	زبادي
Käse (m)	gebna (f)	جبنة
Küche (f)	maṭbaχ (m)	مطبخ
Kümmel (m)	karawya (f)	كراوية
Kürbis (m)	qarʿ ʿasaly (m)	قرع عسلي
Kaffee (m)	ʾahwa (f)	قهوة
Kalbfleisch (n)	laḥm el ʿegl (m)	لحم العجل
Kalmar (m)	kalmāry (m)	كالماري
Kalorie (f)	soʿra ḥarāriya (f)	سعرة حراريّة
kalt	bāred	بارد
Kaninchenfleisch (n)	laḥm arāneb (m)	لحم أرانب
Karotte (f)	gazar (m)	جزر
Karpfen (m)	ʃabbūṭ (m)	شبّوط
Kartoffel (f)	baṭāṭes (f)	بطاطس
Kartoffelpüree (n)	baṭāṭes mahrūsa (f)	بطاطس مهروسة
Kaugummi (m, n)	lebān (m)	لبان
Kaviar (m)	kaviar (m)	كافيار
Keks (m, n)	baskawīt (m)	بسكويت
Kellner (m)	garsone (m)	جرسون
Kellnerin (f)	garsona (f)	جرسونة
Kiwi, Kiwifrucht (f)	kiwi (m)	كيوي
Knoblauch (m)	tūm (m)	ثوم
Kognak (m)	konyāk (m)	كونياك
Kohl (m)	koronb (m)	كرنب
Kohlenhydrat (n)	naʃawīāt (pl)	نشويّات

Kokosnuss (f)	goze el hend (m)	جوز هند
Kondensmilch (f)	ḥalīb mokassaf (m)	حليب مكثّف
Konditorwaren (pl)	ḥalawīāt (pl)	حلويّات
Konfitüre (f)	mrabba (m)	مربى
Konserven (pl)	moʿallabāt (pl)	معلّبات
Kopf Salat (m)	χass (m)	خسّ
Koriander (m)	kozbora (f)	كزبرة
Korkenzieher (m)	barrīma (f)	بريّمة
Krümel (m)	fattāta (f)	فتاتة
Krabbe (f)	kaboria (m)	كابوريا
Kuchen (m)	keyka (f)	كيكة
Kuchen (m)	feṭīra (f)	فطيرة
Löffel (m)	maʿlaʾa (f)	معلقة
Lachs (m)	salamon (m)	سلمون
Languste (f)	estakoza (m)	استاكوزا
Leber (f)	kebda (f)	كبدة
lecker	ḥelw	حلو
Likör (m)	liqure (m)	ليكيور
Limonade (f)	limonāta (f)	ليموناتة
Linse (f)	ʿads (m)	عدس
Lorbeerblatt (n)	waraʾ el ɣār (m)	ورق الغار
Mais (m)	dora (f)	ذرة
Mais (m)	dora (f)	ذرة
Maisflocken (pl)	korn fleks (m)	كورن فليكس
Makrele (f)	makerel (m)	ماكريل
Mandarine (f)	yosfy (m)	يوسفي
Mandel (f)	loze (m)	لوز
Mango (f)	manga (m)	مانجة
Margarine (f)	margarīn (m)	مارجرين
mariniert	meχallel	مخلّل
Marmelade (f)	mrabba (m)	مربّى
Marmelade (f)	marmalād (f)	مرملاد
Mayonnaise (f)	mayonnɛ:z (m)	مايونيز
Meeresfrüchte (pl)	sīfūd (pl)	سي فود
Meerrettich (m)	fegl ḥār (m)	فجل حار
Mehl (n)	deʾīʾ (m)	دقيق
Melone (f)	ʃammām (f)	شمّام
Messer (n)	sekkīna (f)	سكّينة
Milch (f)	laban (m)	لبن
Milchcocktail (m)	milk ʃejk (m)	ميلك شيك
Milchkaffee (m)	ʾahwa bel ḥalīb (f)	قهوة بالحليب
Mineralwasser (n)	maya maʿdaniya (f)	ميّة معدنية
mit Eis	bel talg	بالتلج
mit Gas	kanz	كانز
mit Kohlensäure	kanz	كانز
Mittagessen (n)	ɣadaʾ (m)	غداء
Moosbeere (f)	ʿenabiya ḥāda el χebāʾ (m)	عنبية حادة الخباء
Morchel (f)	feṭr el ɣoʃna (m)	فطر الغوشنة
Nachtisch (m)	ḥalawīāt (pl)	حلويّات
Nelke (f)	ʾoronfol (m)	قرنفل
Nudeln (pl)	nūdles (f)	نودلز
Oliven (pl)	zaytūn (m)	زيتون

Olivenöl (n)	zeyt el zaytūn (m)	زيت الزيتون
Omelett (n)	omlette (m)	اومليت
Orangensaft (m)	ʿaṣīr bortoqāl (m)	عصير برتقال
Papaya (f)	babāya (m)	بابايا
Paprika (m)	felfel (m)	فلفل
Paprika (m)	babrika (f)	بابريكا
Pastete (f)	maʿgūn laḥm (m)	معجون لحم
Petersilie (f)	baʾdūnes (m)	بقدونس
Pfifferling (m)	feṭr el ʃanterel (m)	فطر الشانتريل
Pfirsich (m)	χawχa (f)	خوخة
Pflanzenöl (n)	zeyt (m)	زيت
Pflaume (f)	barʾūʾ (m)	برقوق
Pilz (m)	feṭr (f)	فطر
Pistazien (pl)	fostoʾ (m)	فستق
Pizza (f)	bītza (f)	بيتزا
Portion (f)	naṣīb (m)	نصيب
Preiselbeere (f)	ʿenab el sore (m)	عنب الثور
Protein (n)	brotenāt (pl)	بروتينات
Pudding (m)	būding (m)	بودنج
Pulverkaffee (m)	neskafe (m)	نيسكافيه
Pute (f)	dīk rūmy (m)	ديك رومي
Räucherschinken (m)	faχd χanzīr (m)	فخد خنزير
Rübe (f)	left (m)	لفت
Radieschen (n)	fegl (m)	فجل
Rechnung (f)	ḥesāb (m)	حساب
Reis (m)	rozz (m)	رزّ
Rezept (n)	waṣfa (f)	وصفة
Rindfleisch (n)	laḥm baqary (m)	لحم بقري
Roggen (m)	ʃelm mazrūʿ (m)	شيلم مزروع
Rosenkohl (m)	koronb broksel (m)	كرنب بروكسل
Rosinen (pl)	zebīb (m)	زبيب
Rote Bete (f)	bangar (m)	بنجر
rote Johannisbeere (f)	keʃmeʃ aḥmar (m)	كشمش أحمر
roter Pfeffer (m)	felfel aḥmar (m)	فلفل أحمر
Rotkappe (f)	feṭr aḥmar (m)	فطر أحمر
Rotwein (m)	nebī aḥmar (m)	نبيذ أحمر
Rum (m)	rum (m)	رم
süß	mesakkar	مسكّر
Safran (m)	zaʿfarān (m)	زعفران
Saft (m)	ʿaṣīr (m)	عصير
Sahne (f)	krīma (f)	كريمة
Salat (m)	solṭa (f)	سلطة
Salz (n)	melḥ (m)	ملح
salzig	māleḥ	مالح
Sardine (f)	sardīn (m)	سردين
saure Sahne (f)	kreyma ḥamḍa (f)	كريمة حامضة
Schale (f)	ʾeʃra (f)	قشرة
Scheibchen (n)	ʃarīḥa (f)	شريحة
Schinken (m)	hām(m)	هام
Schinkenspeck (m)	bakon (m)	بيكون
Schokolade (f)	ʃokolāta (f)	شكولاتة
Schokoladen-	bel ʃokolāṭa	بالشكولاتة

Scholle (f)	samak mefalṭah (f)	سمك مفلطح
schwarze Johannisbeere (f)	keʃmeʃ aswad (m)	كشمش أسود
schwarzer Kaffee (m)	'ahwa sāda (f)	قهوة سادة
schwarzer Pfeffer (m)	felfel aswad (m)	فلفل أسوَد
schwarzer Tee (m)	ʃāy aḥmar (m)	شاي أحمر
Schweinefleisch (n)	laḥm el χanazīr (m)	لحم الخنزير
Sellerie (m)	karfas (m)	كرفس
Senf (m)	mosṭarda (m)	مسطردة
Sesam (m)	semsem (m)	سمسم
Soße (f)	ṣalṣa (f)	صلصة
Sojabohne (f)	fūl el ṣoya (m)	فول الصويا
Sonnenblumenöl (n)	zeyt ʿabbād el ʃams (m)	زيت عبّاد الشمس
Spaghetti (pl)	spaɣetti (m)	سباجيتي
Spargel (m)	helione (m)	هليون
Speisekarte (f)	qā'emet el ṭaʿām (f)	قائمة طعام
Spiegelei (n)	beyḍ ma'ly (m)	بيض مقلي
Spinat (m)	sabāneχ (m)	سبانخ
Spirituosen (pl)	maʃrūbāt koḥūliya (pl)	مشروبات كحولية
Störfleisch (n)	samak el ḥafʃ (m)	سمك الحفش
Stück (n)	'eṭʿa (f)	قطعة
Stachelbeere (f)	ʿenab el saʿlab (m)	عنب الثعلب
Steinpilz (m)	feṭr boleṭe ma'kūl (m)	فطر بوليط مأكول
still	rakeda	راكدة
Suppe (f)	ʃorba (f)	شوربة
Täubling (m)	feṭr russula (m)	فطر روسولا
Tasse (f)	fengān (m)	فنجان
Tee (m)	ʃāy (m)	شاي
Teelöffel (m)	maʿla'et ʃāy (f)	معلقة شاي
Teigwaren (pl)	makaruna (f)	مكرونة
Teller (m)	ṭaba' (m)	طبق
tiefgekühlt	mogammad	مجمّد
Tomate (f)	ṭamāṭem (f)	طماطم
Tomatensaft (m)	ʿaṣīr ṭamāṭem (m)	عصير طماطم
Torte (f)	torta (f)	تورتة
Trinkgeld (n)	ba'ʃīʃ (m)	بقشيش
Trinkwasser (n)	mayet ʃorb (m)	ميّة شرب
Tunfisch (m)	tuna (f)	تونة
Untertasse (f)	ṭaba' fengān (m)	طبق فنجان
Vegetarier (m)	nabāty (m)	نباتي
vegetarisch	nabāty	نباتي
Vitamin (n)	vitamīn (m)	فيتامين
Vorspeise (f)	moqabbelāt (pl)	مقبّلات
Würstchen (n)	sogo'' (m)	سجق
Waffeln (pl)	waffles (pl)	وافلز
Walderdbeere (f)	farawla barriya (f)	فراولة بريّة
Walnuss (f)	ʿeyn gamal (f)	عين الجمل
Wasser (n)	meyāh (f)	مياه
Wasserglas (n)	kobbāya (f)	كوبّاية
Wassermelone (f)	baṭṭīχ (m)	بطّيخ
weiße Bohne (f)	faṣolya (f)	فاصوليا
Weißwein (m)	nebīz abyaḍ (m)	نبيذ أبيض

Wein (m)	χamra (f)	خمرة
Weinglas (n)	kāsa (f)	كاسة
Weinkarte (f)	qā'emet el χomūr (f)	قائمة خمور
Weintrauben (pl)	ʿenab (m)	عنب
Weizen (m)	'amḥ (m)	قمح
Wels (m)	'armūṭ (m)	قرموط
Wermut (m)	vermote (m)	فيرموت
Whisky (m)	wiski (m)	ويسكي
Wild (n)	ṣeyd (m)	صيد
Wodka (m)	vodka (f)	فودكا
Wurst (f)	sogo'' (m)	سجق
Zahnstocher (m)	χallet senān (f)	خلة سنان
Zander (m)	samak sandar (m)	سمك سندر
Zimt (m)	'erfa (f)	قرفة
Zitrone (f)	lymūn (m)	ليمون
Zucchini (f)	kōsa (f)	كوسة
Zucker (m)	sokkar (m)	سكّر
Zunge (f)	lesān (m)	لسان
Zwiebel (f)	baṣal (m)	بصل

Ägyptisch-Arabisch-Deutsch gastronomisches wörterbuch

!بالهنا والشفا	bel hana wel ʃefa!	Guten Appetit!
آيس كريم	ʾays krīm (m)	Eis (n)
أبراميس	abramīs (m)	Brachse (f)
أكل	akl (m)	Essen (n)
أناناس	ananās (m)	Ananas (f)
استاكوزا	estakoza (m)	Languste (f)
افوكاتو	avokado (f)	Avocado (f)
الدُخن	el deχn (m)	Hirse (f)
اومليت	omlette (m)	Omelett (n)
بابريكا	babrika (f)	Paprika (m)
باذنجان	bātengān (m)	Aubergine (f)
بار	bār (m)	Bar (f)
بارد	bāred	kalt
بارمان	bārman (m)	Barmixer (m)
بالتلج	bel talg	mit Eis
بالشكولاتة	bel ʃokolāṭa	Schokoladen-
ببايا	babāya (m)	Papaya (f)
برتقال	bortoqāl (m)	Apfelsine (f)
برقوق	barʾūʾ (m)	Pflaume (f)
بركولي	brokkoli (m)	Brokkoli (m)
بروتينات	brotenāt (pl)	Protein (n)
بريّمة	barrīma (f)	Korkenzieher (m)
بسكويت	baskawīt (m)	Keks (m, n)
بسلّة	besella (f)	Erbse (f)
بصل	baṣal (m)	Zwiebel (f)
بطاطس	baṭāṭes (f)	Kartoffel (f)
بطاطس مهروسة	baṭāṭes mahrūsa (f)	Kartoffelpüree (n)
بطّة	baṭṭa (f)	Ente (f)
بطّيخ	baṭṭīχ (m)	Wassermelone (f)
بقدونس	baʾdūnes (m)	Petersilie (f)
بقشيش	baʾʃīʃ (m)	Trinkgeld (n)
بنجر	bangar (m)	Rote Bete (f)
بندق	bondoʾ (m)	Haselnuss (f)
بهار	bahār (m)	Gewürz (n)
بهار	bahār (m)	Gewürz (n)
بودنج	būding (m)	Pudding (m)
بونبوني	bonbony (m)	Bonbon (m, n)
بياض البيض	bayāḍ el beyḍ (m)	Eiweiß (n)
بيتزا	bītza (f)	Pizza (f)
بيرة	bīra (f)	Bier (n)
بيرة خفيفة	bīra χafīfa (f)	Helles (n)
بيرة غامقة	bīra ɣamʾa (f)	Dunkelbier (n)
بيض	beyḍ (m)	Eier (pl)
بيض مقلي	beyḍ maʾly (m)	Spiegelei (n)

بيضة	beyḍa (f)	Ei (n)
بيكون	bakon (m)	Schinkenspeck (m)
تفّاحة	toffāḥa (f)	Apfel (m)
تمر	tamr (m)	Dattel (f)
تمر	tamr (m)	Früchte (pl)
توت	tūt (m)	Beere (f)
توت	tūt (pl)	Beeren (pl)
توت أسود	tūt aswad (m)	Brombeere (f)
توت العليق الأحمر	tūt el ʻalīʼ el aḥmar (m)	Himbeere (f)
تورتة	torta (f)	Torte (f)
تونة	tuna (f)	Tunfisch (m)
تين	tīn (m)	Feige (f)
ثلج	talg (m)	Eis (n)
ثوم	tūm (m)	Knoblauch (m)
جبنة	gebna (f)	Käse (m)
جرسون	garsone (m)	Kellner (m)
جرسونة	garsona (f)	Kellnerin (f)
جريب فروت	grabe frūt (m)	Grapefruit (f)
جزر	gazar (m)	Karotte (f)
جمبري	gammbary (m)	Garnele (f)
جوز هند	goze el hend (m)	Kokosnuss (f)
جين	ʒin (m)	Gin (m)
حاجة ساقعة	ḥāga saʼʻa (f)	Erfrischungsgetränk (n)
حبوب	ḥobūb (pl)	Getreide (n)
حبوب قمح	ḥobūb ʼamḥ (pl)	Grütze (f)
حساب	ḥesāb (m)	Rechnung (f)
حشوة	ḥaʃwa (f)	Füllung (f)
حلو	ḥelw	lecker
حلويّات	ḥalawīāt (pl)	Konditorwaren (pl)
حلويّات	ḥalawīāt (pl)	Nachtisch (m)
حليب مكثّف	ḥalīb mokassaf (m)	Kondensmilch (f)
حنطة سوداء	ḥanṭa sodaʼ (f)	Buchweizen (m)
حنكليس	ḥankalīs (m)	Aal (m)
خرشوف	χarʃūf (m)	Artischocke (f)
خسّ	χass (m)	Kopf Salat (m)
خضار	χoḍār (pl)	Gemüse (n)
خضروات ورقية	χoḍrawāt waraqiya (pl)	grünes Gemüse (pl)
خلة سنان	χallet senān (f)	Zahnstocher (m)
خلّ	χall (m)	Essig (m)
خمرة	χamra (f)	Wein (m)
خوخة	χawχa (f)	Pfirsich (m)
خيار	χeyār (m)	Gurke (f)
دقيق	deʼīʼ (m)	Mehl (n)
دهون	dohūn (pl)	Fett (n)
ديك رومي	dīk rūmy (m)	Pute (f)
ذرة	dora (f)	Mais (m)
ذرة	dora (f)	Mais (m)
راكدة	rakeda	still
رجيم	reʒīm (m)	Diät (f)
رزّ	rozz (m)	Reis (m)
رم	rum (m)	Rum (m)
رمان	rommān (m)	Granatapfel (m)

رنجة	renga (f)	Hering (m)
ريحان	rīḥān (m)	Basilikum (n)
زبادي	zabādy (m)	Joghurt (m, f)
زبيب	zebīb (m)	Rosinen (pl)
زبّدة	zebda (f)	Butter (f)
زعفران	zaʿfarān (m)	Safran (m)
زنجبيل	zangabīl (m)	Ingwer (m)
زيت	zeyt (m)	Pflanzenöl (n)
زيت الزيتون	zeyt el zaytūn (m)	Olivenöl (n)
زيت عبّاد الشمس	zeyt ʿabbād el ʃams (m)	Sonnenblumenöl (n)
زيتون	zaytūn (m)	Oliven (pl)
ساندويتش	sandawitʃ (m)	belegtes Brot (n)
سباجيتي	spaɣetti (m)	Spaghetti (pl)
سبانخ	sabānex (m)	Spinat (m)
ستيك لحم	steak laḥm (m)	Beefsteak (n)
سجق	sogo'' (m)	Wurst (f)
سجق	sogo'' (m)	Würstchen (n)
سخن	soxn	heiß
سردين	sardīn (m)	Sardine (f)
سعرة حراريّة	soʿra ḥarāriya (f)	Kalorie (f)
سكّر	sokkar (m)	Zucker (m)
سكّينة	sekkīna (f)	Messer (n)
سلطة	solṭa (f)	Salat (m)
سلمون	salamon (m)	Lachs (m)
سلمون أطلسي	salamon aṭlasy (m)	atlantische Lachs (m)
سلمون مرقّط	salamon mera''aṭ (m)	Forelle (f)
سمسم	semsem (m)	Sesam (m)
سمك	samak (m)	Fisch (m)
سمك الحفش	samak el ḥafʃ (m)	Störfleisch (n)
سمك القد	samak el qadd (m)	Dorsch (m)
سمك الكراكي	samak el karāky (m)	Hecht (m)
سمك الهلبوت	samak el halbūt (m)	Heilbutt (m)
سمك سندر	samak sandar (m)	Zander (m)
سمك مفلطح	samak mefalṭaḥ (f)	Scholle (f)
سنبلة	sonbola (f)	Ähre (f)
سي فود	sīfūd (pl)	Meeresfrüchte (pl)
شاي	ʃāy (m)	Tee (m)
شاي أحمر	ʃāy aḥmar (m)	schwarzer Tee (m)
شاي أخضر	ʃāy axḍar (m)	grüner Tee (m)
شبت	ʃabat (m)	Dill (m)
شبّوط	ʃabbūṭ (m)	Karpfen (m)
شراب	ʃarāb (m)	Aperitif (m)
شريحة	ʃarīḥa (f)	Scheibchen (n)
شعير	ʃeʿīr (m)	Gerste (f)
شكولاتة	ʃokolāta (f)	Schokolade (f)
شمبانيا	ʃambania (f)	Champagner (m)
شمّام	ʃammām (f)	Melone (f)
شهيّة	ʃahiya (f)	Appetit (m)
شوربة	ʃorba (f)	Suppe (f)
شوفان	ʃofān (m)	Hafer (m)
شوكة	ʃawka (f)	Gabel (f)
شيلم مزروع	ʃelm mazrūʿ (m)	Roggen (m)

صفار البيض	ṣafār el beyḍ (m)	Eigelb (n)
صلصة	ṣalṣa (f)	Soße (f)
صيد	ṣeyd (m)	Wild (n)
طبق	ṭaba' (m)	Teller (m)
طبق جانبي	ṭaba' gāneby (m)	Beilage (f)
طبق فنجان	ṭaba' fengān (m)	Untertasse (f)
طعم	ṭa'm (m)	Geschmack (m)
طعم ما بعد المذاق	ṭa'm ma ba'd el mazāq (m)	Beigeschmack (m)
طماطم	ṭamāṭem (f)	Tomate (f)
عدس	'ads (m)	Linse (f)
عسل	'asal (m)	Honig (m)
عشاء	'aʃā' (m)	Abendessen (n)
عصيدة	'aṣīda (f)	Brei (m)
عصير	'aṣīr (m)	Saft (m)
عصير برتقال	'aṣīr bortoqāl (m)	Orangensaft (m)
عصير طماطم	'aṣīr ṭamāṭem (m)	Tomatensaft (m)
عصير فريش	'aṣīr freʃ (m)	frisch gepresster Saft (m)
عنب	'enab (m)	Weintrauben (pl)
عنب الأحراج	'enab al aḥrāg (m)	Heidelbeere (f)
عنب الثعلب	'enab el sa'lab (m)	Stachelbeere (f)
عنب الثور	'enab el sore (m)	Preiselbeere (f)
عنبية حادة الخباء	'enabiya ḥāda el χebā' (m)	Moosbeere (f)
عيش	'eyʃ (m)	Brot (n)
عين الجمل	'eyn gamal (f)	Walnuss (f)
غداء	ɣada' (m)	Mittagessen (n)
فاصوليا	faṣolya (f)	weiße Bohne (f)
فاكهة	faχa (f)	Frucht (f)
فتاتة	fattāta (f)	Krümel (m)
فتّاحة	fattāḥa (f)	Flaschenöffner (m)
فتّاحة	fattāḥa (f)	Dosenöffner (m)
فجل	fegl (m)	Radieschen (n)
فجل حار	fegl ḥār (m)	Meerrettich (m)
فخد خنزير	faχd χanzīr (m)	Räucherschinken (m)
فراخ	ferāχ (m)	Hühnerfleisch (n)
فراولة	farawla (f)	Erdbeere (f)
فراولة بريّة	farawla barriya (f)	Walderdbeere (f)
فرخ	farχ (m)	Barsch (m)
فستق	fosto' (m)	Pistazien (pl)
فطر	feṭr (f)	Pilz (m)
فطر أحمر	feṭr aḥmar (m)	Rotkappe (f)
فطر أمانيت الطائر	feṭr amanīt el ṭā'er (m)	Fliegenpilz (m)
فطر أمانيت فالوسياني السام	feṭr amanīt falusyāny el sām (m)	Grüner Knollenblätterpilz (m)
فطر الشانتريل	feṭr el ʃanterel (m)	Pfifferling (m)
فطر الغوشنة	feṭr el ɣoʃna (m)	Morchel (f)
فطر بوليط	feṭr boleṭe (m)	Birkenpilz (m)
فطر بوليط مأكول	feṭr boleṭe ma'kūl (m)	Steinpilz (m)
فطر روسولا	feṭr russula (m)	Täubling (m)
فطر سام	feṭr sām (m)	Giftpilz (m)
فطر صالح للأكل	feṭr ṣāleḥ lel akl (m)	essbarer Pilz (m)
فطور	foṭūr (m)	Frühstück (n)
فطيرة	feṭīra (f)	Kuchen (m)

فلفل	felfel (m)	Paprika (m)
فلفل أحمر	felfel aḥmar (m)	roter Pfeffer (m)
فلفل أسوّد	felfel aswad (m)	schwarzer Pfeffer (m)
فنجان	fengān (m)	Tasse (f)
فودكا	vodka (f)	Wodka (m)
فول	fūl (m)	Bohnen (pl)
فول الصويا	fūl el ṣoya (m)	Sojabohne (f)
فول سوداني	fūl sudāny (m)	Erdnuss (f)
فيتامين	vitamīn (m)	Vitamin (n)
فيرموت	vermote (m)	Wermut (m)
قائمة خمور	qā'emet el χomūr (f)	Weinkarte (f)
قائمة طعام	qā'emet el ṭa'ām (f)	Speisekarte (f)
قرش	'erʃ (m)	Hai (m)
قرع عسلي	qar' 'asaly (m)	Kürbis (m)
قرفة	'erfa (f)	Zimt (m)
قرموط	'armūṭ (m)	Wels (m)
قرنبيط	'arnabīṭ (m)	Blumenkohl (m)
قرنفل	'oronfol (m)	Nelke (f)
قشرة	'eʃra (f)	Schale (f)
قطعة	'eṭ'a (f)	Stück (n)
قمح	'amḥ (m)	Weizen (m)
قهوة	'ahwa (f)	Kaffee (m)
قهوة بالحليب	'ahwa bel ḥalīb (f)	Milchkaffee (m)
قهوة سادة	'ahwa sāda (f)	schwarzer Kaffee (m)
كابتشينو	kaputʃino (m)	Cappuccino (m)
كابوريا	kaboria (m)	Krabbe (f)
كاسة	kāsa (f)	Weinglas (n)
كافيار	kaviar (m)	Kaviar (m)
كالماري	kalmāry (m)	Kalmar (m)
كانز	kanz	mit Kohlensäure
كانز	kanz	mit Gas
كبدة	kebda (f)	Leber (f)
كراوية	karawya (f)	Kümmel (m)
كرفس	karfas (m)	Sellerie (m)
كرنب	koronb (m)	Kohl (m)
كرنب بروكسل	koronb broksel (m)	Rosenkohl (m)
كريمة	krīma (f)	Sahne (f)
كريمة حامضة	kreyma ḥamḍa (f)	saure Sahne (f)
كريمة زبدة	krīmet zebda (f)	Buttercreme (f)
كزبرة	kozbora (f)	Koriander (m)
كشمش أحمر	keʃmeʃ aḥmar (m)	rote Johannisbeere (f)
كشمش أسود	keʃmeʃ aswad (m)	schwarze Johannisbeere (f)
كمّثرى	komettra (f)	Birne (f)
كوبّاية	kobbāya (f)	Wasserglas (n)
كورن فليكس	korn fleks (m)	Maisflocken (pl)
كوسة	kōsa (f)	Zucchini (f)
كوكتيل	koktayl (m)	Cocktail (m)
كونياك	konyāk (m)	Kognak (m)
كيكة	keyka (f)	Kuchen (m)
كيوي	kiwi (m)	Kiwi, Kiwifrucht (f)
لبان	lebān (m)	Kaugummi (m, n)

لبن	laban (m)	Milch (f)
لحم أرانب	laḥm arāneb (m)	Kaninchenfleisch (n)
لحم الخنزير	laḥm el χanazīr (m)	Schweinefleisch (n)
لحم العجل	laḥm el ʿegl (m)	Kalbfleisch (n)
لحم بقري	laḥm baqary (m)	Rindfleisch (n)
لحم ضاني	laḥm ḍāny (m)	Hammelfleisch (n)
لحمة	laḥma (f)	Fleisch (n)
لسان	lesān (m)	Zunge (f)
لفت	left (m)	Rübe (f)
لوز	loze (m)	Mandel (f)
ليكيور	liqure (m)	Likör (m)
ليمون	lymūn (m)	Zitrone (f)
ليموناتة	limonāta (f)	Limonade (f)
مارجرين	margarīn (m)	Margarine (f)
ماكريل	makerel (m)	Makrele (f)
مالح	māleḥ	salzig
مانجة	manga (m)	Mango (f)
مايونيز	mayonnɛ:z (m)	Mayonnaise (f)
مجفّف	mogaffaf	getrocknet
مجمّد	mogammad	tiefgekühlt
محار	maḥār (m)	Auster (f)
محاصيل الحبوب	maḥaṣīl el ḥubūb (pl)	Getreidepflanzen (pl)
مخلّل	meχallel	mariniert
مدخّن	modakχen	geräuchert
مربّى	mrabba (m)	Marmelade (f)
مربّى	mrabba (m)	Konfitüre (f)
مرقة	maraʾa (m)	Brühe (f), Bouillon (f)
مرملاد	marmalād (f)	Marmelade (f)
مر	morr	bitter
مسطردة	mosṭarda (m)	Senf (m)
مسكّر	mesakkar	süß
مسلوق	maslūʾ	gekocht
مشروب غازي	maʃrūb ɣāzy (m)	alkoholfreies Getränk (n)
مشروبات كحولية	maʃrūbāt koḥūliya (pl)	Spirituosen (pl)
مشمش	meʃmeʃ (f)	Aprikose (f)
مطبخ	maṭbaχ (m)	Küche (f)
معجون لحم	maʿgūn lahm (m)	Pastete (f)
معلقة	maʿlaʾa (f)	Löffel (m)
معلقة شاي	maʿlaʾet ʃāy (f)	Teelöffel (m)
معلّبات	moʿallabāt (pl)	Konserven (pl)
مقبّلات	moqabbelāt (pl)	Vorspeise (f)
مقلي	maʾly	gebraten
مكرونة	makaruna (f)	Teigwaren (pl)
ملح	melḥ (m)	Salz (n)
ملعقة كبيرة	maʿlaʾa kebīra (f)	Esslöffel (m)
من غير كحول	men ɣeyr koḥūl	alkoholfrei
موز	moze (m)	Banane (f)
مياه	meyāh (f)	Wasser (n)
ميلك شيك	milk ʃejk (m)	Milchcocktail (m)
ميّة شرب	mayet ʃorb (m)	Trinkwasser (n)
ميّة معدنية	maya maʿdaniya (f)	Mineralwasser (n)
نباتي	nabāty (m)	Vegetarier (m)

نباتي	nabāty	vegetarisch
نبيذ أبيض	nebīz abyaḍ (m)	Weißwein (m)
نبيذ أحمر	nebī aḥmar (m)	Rotwein (m)
نشويّات	naʃawīāt (pl)	Kohlenhydrat (n)
نصيب	naṣīb (m)	Portion (f)
نودلز	nūdles (f)	Nudeln (pl)
نيسكافيه	neskafe (m)	Pulverkaffee (m)
هام	hām(m)	Schinken (m)
هامبورجر	hamburger (m)	Hackfleisch (n)
هامبورجر	hamburger (m)	Hamburger (m)
هليون	helione (m)	Spargel (m)
وافلز	waffles (pl)	Waffeln (pl)
وجبة	wagba (f)	Gericht (n)
ورق الغار	wara' el ɣār (m)	Lorbeerblatt (n)
وزّة	wezza (f)	Gans (f)
وصفة	waṣfa (f)	Rezept (n)
ويسكي	wiski (m)	Whisky (m)
ينسون	yansūn (m)	Anis (m)
يوسفي	yosfy (m)	Mandarine (f)

www.ingramcontent.com/pod-product-compliance
Lightning Source LLC
LaVergne TN
LVHW051301080426
835509LV00020B/3090